LIBRO DE ESTILO DE *ABC*

LIBRO DE ESTILO DE *ABC*

PRÓLOGO DE
FERNANDO LÁZARO CARRETER

EPÍLOGO DE
LUIS MARÍA ANSON

EDITORIAL ARIEL, S. A.
BARCELONA

Cubierta: «Monumento a la literatura», por G. Rohner (1913)

1.ª edición: mayo 1993
1.ª reimpresión: junio 1993
2.ª reimpresión: julio 1993
3.ª reimpresión: julio 1993
4.ª reimpresión: septiembre 1993
5.ª reimpresión: octubre 1993
6.ª reimpresión: noviembre 1993

© 1993: Prensa Española

Derechos exclusivos de edición en castellano
reservados para todo el mundo:
© 1993: Editorial Ariel, S. A.
Córcega, 270 - 08008 Barcelona

ISBN: 84-344-7451-4

Depósito legal: B. 36.815 - 1993

Impreso en España

Prólogo

Un cómputo, no por somero muy inexacto, permite calcular que *ABC*, en los días ordinarios, imprime —o procesa, dicho con término de moda— más arriba de ciento cincuenta mil palabras. Hay jornadas, los domingos por ejemplo, en que duplica con mucho ese caudal de vocablos aportados a las rotativas desde aptitudes idiomáticas muy diversas. La obligación, que comparte con todos los medios informativos, de contribuir a que el español no sólo permanezca como instrumento útil y claro de comunicación, sino de que sirva como vehículo expresivo de la modernidad, obliga máximamente a este diario madrileño, por evidentes razones.

No es la menor su difusión, determinante de una enorme influencia entre los miles de hispanohablantes que cotidianamente contrastan con él su propia competencia idiomática. Cotejo del que pueden seguirse diversos resultados. Si el lector percibe fallos en el periódico, éste se desacredita a sus ojos; si, por el contrario, su saber es inseguro o deficiente, cabe que le afecten dos consecuencias: positiva, la de que el periódico disipe solventemente sus vacilaciones o desconocimientos; o adversa, si lo perturba con más inepcias. No cabe pensar que abunden los lectores de *ABC* cuyo estado de precariedad les fuerce a admitirlas; tampoco parece probable que dicho diario se las suministre significativamente. Sin embargo, ya daba testimonio el Arcipreste de Hita de cómo «es humanal cosa pecar». Y consta que asciende a un considerable múltiplo de siete el número de veces que puede caer pecando el justo. Sobre todo en materia de idioma, considerada parva por una sociedad cada vez más juguetona y dicharachera, en la que militan, claro, muchísimos periodistas (y profesores y políticos y locutores y curas y juristas...).

Pero hay otro motivo para que ABC atienda al idioma que emplea, como es su tradicional compromiso con la literatura y con el arte de escribir, mantenido y fortalecido hasta hoy mismo: un rotativo tan decididamente «literario» no puede permitirse grandes contradicciones entre esa admirable vocación y la práctica del lenguaje noticioso que nutre principalmente sus columnas.

En vista de todo lo anterior, no resulta extraño que haya deseado proveerse de un código de precauciones para no infligir sobresaltos al lector solvente, y para resultar inteligible y útil a quienes no lo son tanto. De cumplir ambos propósitos, es decir, de no mostrarse vulgar o incivil o pedante o umbroso, pende la .vida de cualquier medio de comunicación. Aunque no tengo certeza de esto último, dado que las prevaricaciones lingüísticas (y las otras) no sólo pasan sin sanción entre nosotros, sino que llegan a premiarse; pero sí estoy seguro de que la pulcritud idiomática debería condicionar la suerte de los medios, y, por tanto, creo en la necesidad de que actúen como si les fuera la existencia en ello.

Este libro de estilo resulta sin duda de esa misma creencia, del propósito de continuar la tradición culta del periódico, y de la asunción de su deber ante la comunidad hablante, por parte de los responsables de ABC, especialmente de su director Luis María Anson, en quien es antigua la preocupación por el idioma de la información; soy testigo de ella desde que, dirigiendo EFE, me invitó en 1976 a elaborar la primera edición del «Manual del español urgente», fundamento de las que, con otros auxilios, reedita desde entonces la citada Agencia.

Es notable la cantidad de «libros de estilo» que han sucedido —y seguido en tantas cosas— a dicho «Manual»; sin duda, la realidad los ha hecho necesarios, y fue perspicacia de Anson advertirlo a tiempo. No es que códigos de ese carácter faltaran antes, pero se destinaban a una circulación restringida, casi íntima; y si pensamos en antes aún, no hacían falta: el periodista «antiguo» solía poseer sólidamente su idioma, para lo cual leía libros y consultaba diccionarios y gramáticas, y enrojecía si alguien le señalaba una infracción.

Pero la situación ha cambiado: el idioma está sometido a conmociones desconocidas en épocas anteriores, y no es tan fácil contar con criterios seguros para andar por el tremedal. Entran docenas de vocablos, muchas veces por necesidad, pero, otras, por necedad. Muchos de los jóvenes redactores que nutren las redacciones llegan de una vida apresurada; ellos mismos, en gran número, se sienten mejores si actúan sin so-

siego y con poca disponibilidad para acatar reglas; provienen, además, de unos estudios que, según lo observado a diario en prensa y audiovisuales, no les han infundido, más allá de la superficial teoría, la convicción fanática de que el idioma constituye su herramienta de trabajo y, casi seguro, de su posible triunfo; de que es, por tanto, su deber y su conveniencia tenerlo siempre tan a punto como el cirujano su instrumental. Ni los ha persuadido de que expresarse con el designio de coincidir con los mejores usuarios del idioma no es simple asunto de estética, sino de trascendencia social. Aseveró Chirac que el buen idioma contribuye a la calidad de la vida. En el caso del español, la lengua oficial y realmente compartida por mayor número de naciones en Occidente, el esfuerzo por coincidir de todos cuantos gozamos de voz pública −evitando tontas ocurrencias propias o dóciles cesiones a las ajenas, y aminorando nuestra ignorancia−, contribuye a fortalecer la unidad del idioma, en la cual tanto nos va a los pueblos hispanohablantes para ser algo en el mundo.

Como es bien sabido, un «libro de estilo» se refiere al estilo en diversas acepciones. Regula lo que un rotativo considera distintivamente suyo, desde un punto de vista ético (comportamiento ante el mundo de que da testimonio), semiótico (orientaciones sobre el modo de presentar sus materiales) y lingüístico. Así procede éste, que he leído cuando ya estaba en pruebas; antes, sus autores me habían consultado en sólo cuatro o cinco puntos de léxico, pero observo que han seguido mi parecer en bastantes de los asuntos que trato en los «dardos» publicados por el periódico. Les manifiesto mi gratitud, que no me obligaría, sin embargo, a manifestar mi conformidad total con cuanto el libro prescribe o recomienda en materia de idioma, si tal conformidad no fuera sincera.

Como es natural, ningún código de esta clase puede prever todo cuanto ha de precisar remedio. Ha de limitarse a lo más perceptible y repetido, porque los deslices personales no casuales, motivados por ignorancia o insensibilidad idiomática, escapan a toda previsión. Sólo cabe atajarlos mediante la actitud alerta de los propios redactores contra la confianza en sí mismos. Pero hay otros desvíos de la norma o del buen sentido, que sin ninguna razón se multiplican y difunden sin despertar sospecha, y que sólo contribuyen a empobrecer el idioma y a crear una situación magmática, precursora de la fragmentación.

A conjurar ésta, y a mantener y a acrecentar el prestigio de ABC, contribuye, sin duda, este volumen, nutrido de recomendaciones sensatas, que los redactores y colaboradores del periódico haremos bien en tener muy presentes, aunque algo no suscite conformidad: en esto, y en todo, vale más un mal acuerdo que el caos.

El libro está llamado a tener una amplia difusión, pues son muchísimas las personas interesadas en los problemas lingüísticos, especialmente en los atingentes a la expresión correcta. Ello obliga aún más a seguirlo, pues habrá abundantes ojos que vigilen si no se contradicen lo predicado y su observancia.

Los libros de estilo, que difieren como es natural en la definición de lo que podemos llamar la personalidad del medio a que sirven, han de coincidir forzosamente en gran parte de sus prescripciones idiomáticas. Sería ocioso repetir éstas en todos ellos, si fuera posible acordar a los medios de comunicación de España y América hispana en un comportamiento común ante los neologismos (no siempre de rechazo), y ante el empobrecimiento que, en sus dos orillas, está experimentando el idioma. Es algo que, apenas pueda, me gustaría que intentara la Real Academia. Mientras tanto, bien venido sea el esfuerzo de Prensa Española.

FERNANDO LÁZARO CARRETER
de la Real Academia Española

Introducción

No pretende este Libro de Estilo ser una preceptiva gramatical ni un tratado de redacción periodística. No es ése su propósito ni cabría tal aspiración en el limitado espacio de estas páginas. Aspira más bien a ser un recordatorio de las normas básicas de la gramática y del estilo periodístico en español, a menudo olvidadas por el apremio del cierre del periódico, y de las propias de ABC, decantadas en sus casi cien años de existencia por varias generaciones de periodistas y escritores.

Nada destruye tanto la confianza del redactor como las dudas que pueden asaltarle sobre el uso correcto del idioma. Y, paralelamente, nada mina tanto la confianza del lector como encontrar errores e incorrecciones idiomáticas en las páginas de su periódico. Pero ocurre que tales errores gramaticales y de uso del idioma tienden a perpetuarse dentro de unos márgenes definidos. Ello hace posible acotar esas infracciones recurrentes, tratar de identificarlas y, por la vía de su exposición, mostrar, sobre todo a quienes se inician en la profesión periodística, cómo evitarlas.

El estilo periodístico resulta tan difícil de definir como fácil de apreciar su ausencia en las páginas impresas. En última instancia, es lo que permite transmitir con claridad, corrección y propiedad las ideas de quien escribe. Para cumplir ese saludable propósito, debe mantenerse tan equidistante del lenguaje oral como del solemne y literario. En ese punto medio, cuanto más evite los defectos expresivos del uno y los excesos retóricos del otro, será capaz de trasladar con eficacia y exactitud las noticias de cada día o el comentario de ellas a la generalidad de los lectores.

Por otra parte, el extendido uso de los medios informáticos para el tratamiento de textos en los periódicos ha puesto en manos de los redactores una ayuda formidable para realizar su tarea con rapidez y precisión. Pero, al mismo tiempo, ese instrumento hace más evidentes y perceptibles que nunca las insuficiencias de estilo y las disparidades de criterio ortográfico y tipográfico. Este Manual se establece para unificar tales criterios idiomáticos en las páginas de ABC, por lo que sus prescripciones serán de uso obligatorio para todos los redactores y recomendación encarecida para los colaboradores del periódico.

Aparece dividido este Libro de Estilo en tres partes: una de lectura aconsejada y dos de consulta ocasional. La primera se ha estructurado en cuatro capítulos, que versan respectivamente sobre los aspectos ortográficos y recomendaciones gramaticales que el redactor, en el apresuramiento de su tarea, pudiera ocasionalmente olvidar; las normas de redacción y estilo propias de ABC —entendido el estilo también como el tono general y la conducta informativa— y, por último, las instrucciones sobre presentación técnica de originales, obligadas para asegurar la uniformidad visual del diario. La segunda parte es un Léxico en el que se ordenan alfabéticamente numerosos términos de empleo o grafía dudosos y otras muchas expresiones tópicas de las que conviene depurar el lenguaje periodístico. Completa el Manual un Apéndice con informaciones prácticas cuya consulta evitará laboriosas o estériles indagaciones en fuentes a menudo dispersas.

El doble contenido de este Manual invita también a un doble procedimiento de consulta. El índice analítico que incluimos al final remite a todos los conceptos en que se subdividen los cuatro capítulos que componen la primera parte, así como a los enunciados de las informaciones prácticas del Apéndice. Para ello, en el índice aparecen relacionados alfabéticamente todos los epígrafes descriptivos del Manual, más aquellos conceptos de interés compuestos en negritas dentro de cada uno de ellos. De manera que sólo será preciso consultar el Léxico —segunda parte de este Manual— cuando se desee conocer la grafía, el significado o el uso correcto de los términos que lo integran.

*   *   *

Sería injusto no reconocer la deuda de gratitud contraída con el «Manual de Español Urgente», Libro de Estilo de la Agencia Efe, que constituye el primer texto de este tipo llevado a cabo en España. Asimismo, agradecemos desde aquí la inestimable ayuda de Fernando Lázaro Carreter, sin cuyo consejo y orientación no habrían sido posibles muchas páginas de este Libro.

Sin caer en la presunción de estimar que nuestro criterio sea el único aceptable, ni siquiera el mejor, sí opinamos que en materias controvertibles es preferible disponer de una norma clara que no tener ninguna. La naturaleza cambiante del idioma obliga a ajustar nuestro estilo con relativa frecuencia a esos cambios, a modificar criterios, a separarnos, cuando resulte imperativo, de normas arcaicas, imprecisas o demasiado rígidas. Por ello, no deberá considerarse este Manual como un repertorio inflexible de instrucciones con pretensión de perennidad. Constituye más bien un esfuerzo unificador que habrá que ir adaptando a la realidad viva del idioma y a las exigencias del universo informativo.

Ortografía

Acentuación

Llevarán acento gráfico o tilde (')
- Las palabras **agudas** que acaban en **vocal -n** o **-s**: *sofá, timón, cafés.*
- Las palabras **graves** que **no** acaben en **vocal, -n** o **-s**: *césped, mármol, López.*
- Todas las palabras **esdrújulas** y **sobresdrújulas**: *líquido, entré-gueselo.*

Diptongos y triptongos
- Si, según las reglas anteriores, el acento recae en una sílaba que lleva *diptongo*, la tilde ha de escribirse sobre **la vocal más abierta**: *miráis, huésped, vuélvase.*
- Si el diptongo es **ui** o **iu**, la tilde se coloca sobre la última vocal: *benjuí, cuídate.* Esto sólo ocurre en palabras agudas o esdrújulas.
- Si, según las reglas generales, el acento recae en una sílaba que lleve **triptongo**, la tilde ha de escribirse también sobre **la vocal más abierta**: *averiguáis, santiguáis.*

Monosílabos
- Los **monosílabos** no llevan tilde. Se exceptúan los siguientes casos, en los que la tilde diferencia dos valores distintos del monosílabo:

él (pronombre) — el (artículo.
dé (del verbo *dar*) — de (preposición).
sí (afirmación) — si (conjunción).
sé (del verbo *saber* o *ser*) — se (pronombre).
aún (si equivale a todavía y es, por tanto, bisílabo) — aun (si no equivale a todavía y es monosílabo).
más (cantidad) — mas (equivalente a pero).
tú (pronombre personal) — tu (adjetivo posesivo).
mí (pronombre personal) —mi (adjetivo posesivo).
té (planta y bebida) — te (pronombre).

Sólo

- **sólo** lleva tilde cuando es *adverbio* (equivale a solamente) y no cuando es adjetivo: *Estuve* **solo** *toda la tarde*. Nunca llevan tilde **sola, solos, solas**.

Vocales en hiato

Si dos vocales forman **hiato** (es decir, van juntas pero sin formar diptongo *(reo, leas)*, se aplican las siguientes reglas:

- Lleva tilde la vocal a la que corresponda llevarla según las reglas generales anteriormente expuestas: *le-ón, Dí-az, co-á-gu-lo*.
- Si la vocal tónica es **i** o **u**, llevará tilde, aunque no le corresponda según esas reglas. Así, la palabra *sonreír* es aguda acabada en r, por lo que no tendría que llevar tilde. Pero como su vocal tónica es *i*, y forma hiato con la *e* anterior *(son-re-ír)*, se escribe la tilde de acuerdo con esta nueva regla. Lo mismo sucede con *caída, brío, leído, reúno, transeúnte, vahído, barahúnda*, etc.

Esta importante regla tiene una excepción: cuando las vocales en hiato son *u, i*, no pondremos tilde: *jesuita, destruir*.

Escríbase:

acrobacia, en lugar de *acrobacía*.
fútil, en lugar de *futil*.
metamorfosis, en lugar de *metamórfosis*.
periferia, en lugar de *periferia*.

táctil, en lugar de *tactil.*
cenit, en lugar de *cénit.*
libido, en lugar de *líbido.*

Las siguientes palabras admiten doble acentuación, aunque se recomienda la forma inicial:

alveolo o *alvéolo*
amoniaco o *amoníaco*
austriaco o *austríaco*
cardiaco o *cardíaco*
conclave o *cónclave*
chófer o *chofer*
dinamo o *dínamo*
etíope o *etiope*
gladíolo o *gladiolo*
medula o *médula*
olimpiada u *olimpíada*
omóplato u *omoplato*
ósmosis u *osmosis*
pabilo o *pábilo*
pentagrama o *pentágrama*
período o *periodo*
policiaco o *policíaco*
reuma o *reúma*

Demostrativos

– Los demostrativos (**este, esta, estos, estas; ese, esa, esos, esas; aquel, aquella, aquellos, aquellas**) no se acentúan nunca cuando desempeñan la función de adjetivos y van por tanto delante de un nombre: *este retrato, esos árboles, aquellas ventanas.*
– Cuando funcionan como pronombres pueden llevar tilde si así lo desea el que escribe (no es obligatoria): *Traigo varios regalos, y este* (o *éste*) *es para ti.* Pero tienen que llevarla obligatoriamente en los casos en que su ausencia cambiaría el significado de la frase: *Contaron aquellas cosas interesantes*; sin tilde, *aquellas* se referirá a cosas; con tilde, aludirá a unas personas antes mencionadas, que contaron cosas interesantes.
– Los demostrativos **esto, eso, aquello** nunca llevan tilde.

Palabras interrogativas y exclamativas

Hay varias palabras que llevan tilde cuando tienen significado **interrogativo** o **exclamativo**, y no cuando carecen de dicho significado:

qué: *Dime* ***qué*** *quieres.* *¿****Qué*** *haces?* *¡****Qué*** *fácil!*
cuál y cuáles: *No sé* ***cuál*** *es su libro.* *¿****Cuál*** *es?* *¿****Cuáles*** *prefiere?*
quién y quiénes: *Ignoro* ***quién*** *ha llamado.* *¿Por* ***quién*** *pregunta?*
*¡****Quién*** *lo tuviera!*
dónde y adónde: *Yo sé por* ***dónde*** *ha ido.* *¿En* ***dónde*** *está?*
*¿****Adónde*** *vas?*
cuánto(s) y cuánta(s): *Quisiera saber* ***cuánta*** *gente cabía allí.*
*¿****Cuántos*** *años tienes?* *¿****Cuánto*** *le debes a tu primo?* *¡****Cuánto***
has trabajado!
cuándo: *¡Sólo Dios sabe* ***cuándo*** *volverá!* *¿****Cuándo*** *recibiste mi*
carta?
cómo: *No sé* ***cómo*** *hacerlo.* *¿****Cómo*** *se llama?* *¡****Cómo*** *me duele!*

— Según se ha dicho, tales palabras no llevan tilde si no poseen sentido interrogativo e exclamativo. Ejemplos:

Espero ***que*** *vuelvas pronto. Ha vuelto su padre, el* ***cual*** *le ha traído muchos regalos.* ***Quien*** *lo sepa,* ***que*** *lo diga. Acudieron a la comisaría,* ***donde*** *prestaron declaración. Gasta* ***cuanto*** *quiere. Estaba muy agitado* ***cuando*** *lo interrogaron. Lo hizo* ***como*** *le indicaron.*

En determinados casos, el hecho de que tales palabras formen parte de una oración interrogativa o exclamativa no significa que posean sentido interrogativo o exclamativo. Si carecen de tal sentido, no deben llevar tilde. Ejemplos:

¿Eres tú ***quien*** *lo ha hecho?* — *¡Eres tú* ***quien*** *lo ha hecho!*
¿No es ahí ***donde*** *comimos?* — *¡No es ahí* ***donde*** *comimos!*
¿Vendrás ***cuando*** *te llame?* — *¡Vendrás* ***cuando*** *te llame!*

(La interrogación o la exclamación no se refiere a ellas, sino a otras palabras: **tú**, **ahí**, **vendrás**.)

Palabras compuestas

En las palabras compuestas, **sólo lleva tilde la última palabra**, si le corresponde llevarla según las reglas generales de acentuación: *cefalo-*

tórax, ciempiés, decimoséptimo, entrevías, puntapié, radiotelegrafía, vaivén.

- Pierde su tilde la primera palabra del compuesto si la llevaba cuando era simple: *asimismo, decimoséptimo, tiovivo.*
- Sin embargo, esta última regla no se aplica si los vocablos se unen mediante guión: *crítico-biográfico, guía-catálogo, físico-químico.*
- También la conserva, si la llevaba, el adjetivo inicial de los adverbios terminados en **-mente**: *ágilmente, cortésmente, rápidamente.*
- Mantienen igualmente su tilde las formas verbales cuando se les añaden pronombres: *dénos, mírole, perdíme,* etc.; pero no en los casos en que la forma original carecía de tilde: *dame, diole, fuese,* etc.
- Si al reunir dos o más palabras que no llevan tilde resulta un vocablo compuesto esdrújulo, deberemos acentuarlo:

canta + le − cántale
sepa + lo − sépalo
da + me + lo − dámelo
admiraba + se + le − admirábasele.

Mayúsculas

No hay razón para omitir el acento en las letras mayúsculas o versales, cuando corresponda según las reglas de acentuación vigentes. Esta norma deberá respetarse también en todos los titulares.

Uso de la coma

La **coma** corresponde a una pequeña pausa que se hace al hablar y que exige el sentido de la frase. De ahí que, para colocar las comas correctamente, convenga releer el escrito fijándose en esas pausas breves. Tales pausas suelen coincidir con el final de entidades gramaticales bien definidas, lo cual permite formular algunas reglas de validez general.

Se separan con coma:

- Los elementos de una serie de palabras o de grupos de palabras, incluso oraciones, de idéntica función gramatical, cuando no van unidos por conjunción:

  Los obreros, los empresarios, el gobierno, están de acuerdo en ello.
  Arregla la casa, lleva los chicos al colegio, trabaja en una oficina y escribe novelas.

- Los vocativos:

  Camarero, tráigame un café.
  Oigo, *patria,* tu aflicción.

- Los incisos que interrumpen momentáneamente el curso de la oración:

  Yo, *que ignoraba la causa,* me asusté.
  En octubre, *aseguran los rumores,* habrá crisis.
  Hazme caso, *te lo suplico,* y no acudas a la cita.

- Las locuciones y adverbios *sin embargo, efectivamente, en realidad, con todo, por ejemplo, en primer lugar, por último, esto es, es decir, por consiguiente, no obstante,* etc. (la enumeración total sería interminable; hágase siempre la prueba de «oír» lo que se escribe):

  Yo, *naturalmente,* me negué a aquella indignidad.
  La luz, *sin embargo,* permaneció encendida.
  Estaba allí, *efectivamente.*

- Se escribe, igualmente, coma detrás de una proposición subordinada cuando precede a la principal:

  Cuando viene, se aloja en ese hotel.
  Para no olvidarme, hice un nudo en el pañuelo.
  Como no ha llegado aún, no he podido hablar con él.
  Aunque me lo jures, no me lo creo.

● Detrás de la prótasis condicional (es decir, la proposición enca-
bezada por *si*):

Si lo ves, dile que lo espero.

Y ante las subordinadas consecutivas:

Pienso, *luego existo.*
Había tanto humo, *que no se podía respirar.*

— La coma aparece en lugar de un verbo que se omite por ser el
mismo de la oración anterior:

Yo *asistí al fútbol; Carlos, a los toros.*
*La Guardia Civil patrulla por los pueblos y la Policía Nacional,
por las ciudades.*

— Nunca la coma debe separar el sujeto del predicado. Serían incorrectas estas puntuaciones:

Un tren procedente de Barcelona, chocó con otro que estaba detenido en Sitges.
Una fuerte *tormenta, arrasa* los viñedos riojanos.

— Puede haber coma delante de la conjunción *y* cuando ésta une
oraciones de cierta extensión, con distinto sujeto:

*Insistió en que no volviera a verle hasta no haber resuelto el pro-
blema, y no cejó en su empeño.*

Y en oraciones como la siguiente:

Unos chillaban, otros gesticulaban con violencia, *y no pude en-
terarme de nada.*

El punto y coma

El **punto y coma** marca una pausa más intensa que la coma y menos que el punto. Normalmente, sigue a trozos de oración seriados

que poseen una autonomía superior a la que marca la coma. También separa oraciones completas íntimamente relacionadas y de cierta extensión (si fueran cortas, se separarían por comas):

> *Hay diversos tipos de escritores: los que persiguen el éxito a toda costa halagando los gustos del público; los que tratan de imponer su gusto, haciéndose con un público fiel, y, por último, los que escriben sin tener en cuenta los gustos del público.*

Es muy frecuente la necesidad de emplear el punto y coma para separar cláusulas donde hay ya comas. Por ejemplo:

> *El público, acabado el mitin, inició la salida; más que entusiasmado, mostraba fatiga; la gente hablaba de los oradores con decepción.*

Asimismo, en todo período de alguna extensión se pondrá punto y coma antes de las conjunciones adversativas *mas, pero, aunque, sin embargo*, etc.:

> *Salieron los soldados a media noche y anduvieron nueve horas sin descansar; pero el mal estado de los caminos malogró la empresa.*

Cuando la cláusula sea corta, bastará una simple coma antes de la conjunción: *Vendrá, pero tarde; Lo hizo, aunque de mala gana.*

Siempre que a una oración sigue, precedida de conjunción, otra oración que, en orden a la idea que expresa, no tiene perfecto enlace con la anterior, hay que poner al fin de la primera punto y coma, según aclara el ejemplo siguiente:

> *Pero nada bastó para desalojar al enemigo, hasta que se abrevió el asalto por el camino que abrió la artillería; y se observó que uno sólo se rindió a la merced de los españoles.* (Solís.)

Los dos puntos

Los dos puntos se utilizan en los siguientes casos principales:

● Para anunciar una cita literal en estilo directo:

Te aseguro que me dijo esto: Estaré allí a las seis.
El presidente declaró: «Les aseguro que habrá elecciones este año». (Si la frase entrecomillada se reprodujera incompleta, no hará falta los dos puntos: *El presidente declaró que «habrá elecciones este año».*)

● Para anunciar una enumeración:

Hay tres clases de sílabas: protónicas, tónicas y postónicas.

● Al revés, para cerrar una enumeración y comentar lo que ella representa:

Buenos amigos, excelente humor y despreocupación: he aquí lo que puede hacer grata una reunión.

● Para preceder a una oración que extrae una conclusión o presenta la causa de lo que acaba de afirmarse en la anterior:

Era tarde, estábamos lejos, nos divertía más pasear...: decidimos no ir al cine (conclusión).
Nada hay más repugnante que la embriaguez: degrada al hombre (causa).

Después de los dos puntos se escribirá siempre minúscula, excepto en los siguientes casos:

● cuando se citen a continuación palabras textuales;
● cuando siguen a las fórmulas de encabezamiento de cartas, decretos, resoluciones, sentencias, etc.;
● cuando siguen a ciertas fórmulas de cortesía, como *Señor director; Expone,* etc.

Estas normas deberán tenerse particularmente en cuenta en los titulares.

El punto

El **punto** separa entre sí unidades autónomas de cierta extensión, cuando es obligado hacer notar esa autonomía, o cuando se desea conferírsela. Va siempre al final de una oración (pero no todas las oraciones van seguidas de punto):

Al caer la tarde volvimos al hotel. El portero nos entregó el telegrama, y quedamos estupefactos. Hicimos las maletas, pedimos un taxi y salimos rápidamente hacia la estación.

El **punto y seguido** separa oraciones dentro del parágrafo (es decir, dentro de la unidad constructiva del escrito formado por oraciones que desarrollan un mismo núcleo temático). El **punto y aparte** separa parágrafos.

Puntos suspensivos

Los puntos suspensivos siempre son tres (...). Después de *etcétera* o *etc.* nunca se pondrán puntos suspensivos, por ser una redundancia. Su uso es muy restringido en la redacción periodística, puesto que insinúa una interrupción del relato, que ha de suplir el lector.

Comillas

El sistema de fotocomposición de ABC tiene dos tipos de comillas: las comillas españolas o romanas (« ») y las inglesas (" ").

Se escribirán con **comillas españolas** (« »):

● Las citas o frases reproducidas textualmente. En el caso de que la frase textual se interrumpa por una apostilla o aclaración, las comillas se cerrarán antes del inciso —que podrá ir entre comas o guiones largos— y se abrirán de nuevo después de él. Cuando el texto transcrito, por su extensión, conste de varios párrafos, las comillas abiertas al principio no se cerrarán en cada punto y aparte, sino en el último. (Para recordar al lector que se trata de un texto entrecomillado, a partir del segundo, cada párrafo comenzará por unas comillas de cierre.)

● Los títulos de publicaciones (obras literarias, científicas, técnicas; diarios, revistas, folletos, fascículos, etc.), con excepción de los títulos de los libros del Antiguo y Nuevo Testamento, así como las voces *Evangelio, Corán* y otras análogas.

● Los títulos de artículos de Prensa, obras de arte, películas, obras de teatro, canciones, conferencias, etcétera.

● Los nombres de barcos, trenes, aviones y cohetes espaciales (pero no así los de marcas industriales, modelos o programas científicos): *la fragata «Santa María» corresponde a la clase FFG.*

● Los sobrenombres, apodos y alias, siempre que vayan junto al nombre propio de la persona que los ostenta: *Manuel Benítez «el Cordobés»;* si los sobrenombres se citan solos, se escribirán sin comillas.

● Los nombres familiares dados a animales u objetos que tienen otro nombre: *el perro «Mariano»; un «seiscientos».*

● Los neologismos y las palabras o frases escritas con doble sentido o empleadas en una acepción especial: *se oponen a la «batasunización» del municipio; el abogado se dirigió al supuesto «consejero».*

No se entrecomillarán los nombres oficiales de empresas, instituciones, establecimientos comerciales, teatros, cines, nombres de calles, plazas o edificios, formaciones políticas, agencias de noticias, competiciones deportivas, nombres de congresos, reuniones, etcétera.

Cuando una frase entrecomillada vaya seguida de coma, punto y coma o dos puntos, éstos se pondrán siempre fuera de las comillas de cierre: *«Ya sé que es usted inocente», le dijo el juez.* La admiración o interrogación final de la frase entrecomillada se pondrán delante o detrás de las comillas, según correspondan o no a lo entrecomillado. El punto se pondrá delante de las comillas de cierre cuando la frase entrecomillada abra párrafo o vaya después de otro punto; en caso contrario, el punto irá detrás de las comillas de cierre.

Las **comillas inglesas** (" ") se emplearán para encerrar una frase, palabra o período que requiere comillas dentro de un entrecomillado normal:

(«... "..." ...»);

Apóstrofo

La Real Academia Española no reconoce actualmente uso al apóstrofo ('). Sin embargo, se extiende el anglicismo de utilizarlo ante un número de año para suplir las centenas, sobre todo en la denominación de acontecimientos culturales, comerciales o deportivos: España'82, Expo'92. En estos casos, bastará con las dos últimas cifras, sin apóstrofo: Barcelona 92.

Diéresis

Este signo ortográfico (¨) colocado sobre la vocal *u* en las sílabas *gue, gui,* denota que dicha vocal se pronuncia *(degüello, pingüino, argüir).* No deberá omitirse en ningún caso en que corresponda aplicarlo, incluidas las versales.

Guiones

En el sistema de fotocomposición de ABC existen dos guiones distintos:

● La división o guión corto (-) sirve para unir las dos partes de un término compuesto *(crítico-bibliográfico, aviones F-16, 23-F)*; de una cifra compuesta *(páginas 48-56)* o para facilitar el corte silábico de palabras en fin de línea.

● El guión largo o signo menos (−) se usa en los diálogos para indicar los párrafos de cada interlocutor; para encerrar los incisos dentro de una oración larga o compleja; para indicar números o temperaturas negativas, y, después de dos puntos y aparte, al comienzo de cada línea, cuando se enumeran conceptos o asuntos diferentes (en este caso, separado el guión del texto con medio cuadratín).

Cuando los gentilicios de dos pueblos o territorios formen un compuesto aplicable a una tercera entidad geográfica o política en la que se han fundido los caracteres de ambos pueblos o territorios, dicho compuesto se escribirá sin separación de sus elementos: *hispanoamericano, checoslovaco, afroantillano.* En los demás casos, es decir, cuando no hay fusión, sino oposición, contraste o conflicto entre los elementos componentes, se unirán éstos con guión: *franco-prusiano; germano-soviético.*

Interrogación y admiración

En castellano, los signos de admiración o interrogación se abren y cierran, respectivamente, al principio y fin de la oración, o trozo de la misma, que tenga carácter interrogativo y exclamativo. Pueden ir seguidos de cualquier signo de puntuación, excepto el punto.

Mayúsculas / minúsculas

Recuérdese que se escriben con **mayúscula** inicial:

* todos los nombres propios;
* los títulos y dignidades de la Familia Real española y las extranjeras;
* los nombres de otros cargos o dignidades de carácter único *(el Pontífice, Su Santidad, el Defensor del Pueblo)*;
* los nombres propios de organismos, instituciones, partidos políticos, asociaciones diversas, etc.;
* los nombres propios relativos a la Divinidad *(la Virgen María)*;
* las zonas o regiones del mundo con significación propia *(el Tercer Mundo)*;
* los hechos trascendentales *(la Segunda Guerra Mundial, los Juegos Olímpicos)*;
* los nombres de textos legales, cuando se escriban completos, así como los títulos de documentos diplomáticos o religiosos.

Téngase en cuenta que cuando haya de escribirse con mayúscula la letra inicial de una palabra que empiece con *ch* o *ll*, sólo irá en mayúsculas la primera parte de estas letras compuestas: *Ch* y *Ll*.

Se escribirán con **minúscula** inicial:

* los cargos, empleos, títulos, etc., excepto los referentes al Rey y a la Familia Real;
* los nombres comunes de organismos, instituciones, partidos políticos, etcétera, cuando tienen un carácter genérico *(la labor de gobierno, los esfuerzos de la policía)*;
* los accidentes geográficos *(el mar Mediterráneo)*;

- las divisiones geográficas, vías urbanas, y tipos de edificios y locales públicos *(la provincia de Huesca; el palacio de Liria; la calle de Alcalá)*;
- las referencias a leyes y otras disposiciones cuando sean genéricas *(según marca la ley)*;
- se empleará también minúscula después de dos puntos, cuando no siga una cita entrecomillada (véase **Dos puntos**), así como después de los signos de interrogación o admiración, cuando no cumplan función de punto.

Paréntesis

El paréntesis se abre y cierra antes y después, respectivamente, de una voz, letra, número, frase, oración o período que conviene aislar del contexto general.

Se utilizará siempre paréntesis, en vez de coma, para indicar la comarca, provincia, región o Estado a que pertenece un lugar geográfico: *Linares (Jaén); Darhan (Arabia Saudí); Baton Rouge (Luisiana, EE. UU.).*

No deberá existir espacio alguno entre el paréntesis y las palabras en que abren o cierran. (Si el paréntesis encierra una oración completa, con sentido propio, el punto final figurará dentro del paréntesis.) Redúzcase al máximo el empleo de paréntesis, que podrán sustituirse en muchos casos por guiones.

Corchetes

Este signo, llamado también paréntesis cuadrado ([]), se emplea:

- sustituyendo al paréntesis en una oración que encierra a su vez otras palabras o frases entre paréntesis (... [...] ...).
- con tres puntos suspensivos dentro, para indicar que se ha omitido una parte de un texto transcrito literalmente;
- en textos o citas ajenos, para aclarar el sentido o resumir un concepto;
- en poesía, delante de los versos que desbordan una línea y doblan a la siguiente (véase **Versos**).

Barra diagonal

La barra diagonal (/) se utilizará exclusivamente:

- en determinados símbolos técnicos *(km/h)*, con significado de *por*;
- en los quebrados *(4/5)*, aunque en lo posible deberá evitarse su uso en los textos redaccionales;
- para separar los versos compuestos en línea;
- en la **data** de las noticias, para separar los nombres de redactores de distintas secciones o las datas de crónicas de procedencia geográfica distinta.

No es correcto el empleo de la barra diagonal en sustitución del guión en nombres o términos compuestos.

Abreviaturas

Deberán emplearse las menos posibles, con la excepción de *etcétera,* aunque su uso periodístico no se recomienda por significar una omisión de conceptos que se obliga a suplir al lector. Se tendrán en cuenta las siguientes normas:

- cuando una abreviatura indique pluralidad de un solo concepto, la letra que la exprese se repetirá con un solo punto para ambas *(EE. UU.)*;
- a una abreviatura nunca se le suprimirá la *s* final si refleja el plural de la palabra abreviada *(págs.)*;
- las abreviaturas no deben quedar al final ni al principio de línea si no acompañan a sus complementos. Si la justificación de la línea exige que comience por esta palabra (por ejemplo, *etc.*), se pondrá con todas sus letras: *etcétera.* Esta norma deberá tenerse en cuenta igualmente para símbolos del sistema métrico decimal u otros análogos;
- al final de una línea no debe partirse **ninguna abreviatura,** cualquiera que sea su forma.

Véase también **Siglas.**

Cantidades

Se escribirán con letras:

- las cantidades de uno a nueve;
- los números redondos que suenen fácilmente al oído y se entiendan instantáneamente sin necesidad de representación gráfica (*veinte millones de dólares, ochenta mil kilómetros*);
- los períodos de tiempo y las edades (*cuarenta minutos, cincuenta y cuatro años,* etc.).
- en la transcripción literal y.entrecomillada de declaraciones, las cifras que puedan representarse con dos palabras: *ciento veintiocho, nueve mil*.

Se escribirán con número:

- las cifras superiores a diez;
- las fechas;
- las medidas del sistema métrico decimal;
- los números que expresen habitantes, ediciones, párrafos, apartados, páginas, artículos, versículos, etcétera;
- cualquier número que por su complejidad resulte más claro en su lectura (*127.325,76*).

Advertencias: Ninguna oración debe comenzar con un numeral escrito con cifras.

Se usará un punto para separar los millares, excepto en la representación de los años (*nos aproximamos al año 2000*); por el contrario, se utilizarán comas para separar los decimales (*Esta pieza mide 25,5 centímetros*).

Cuando una cantidad conste de dos cifras seguidas de seis o más ceros, éstos podrán sustituirse por las palabras millones, billones, etc. Se evitarán no obstante los híbridos resultantes de escribir con letras los millares, como *200 mil, 300 mil millones*. (Las formas correctas serán *200.000, 300.000 millones*.)

Los números romanos con carácter ordinal a continuación de nombres de papas, reyes, etc., así como los numerales ordinales o con ese carácter inherentes a un sujeto (*uranio-98*) deberán incluirse en la misma línea que el nombre o sustantivo al que caracterizan.

Signos

Aparte de los ortográficos, no deberán emplearse en una información signos que no puedan ser fácilmente identificados por los lectores. Evítese en lo posible el empleo de signos aritméticos en los textos periodísticos. El abuso de I+D (Investigación y Desarrollo) resulta preocupante, pues la generalidad de los lectores ignoran su significado. Como norma general, los signos de puntuación y ortográficos, sean simples (coma, punto, dos puntos, etc.) o dobles (comillas, paréntesis, guiones, admiración, interrogación, etc.) no llevan espacio alguno entre ellos y las palabras a que se juntan, sea anteriores o posteriores. Sólo los signos que operan a modo de abreviación de una palabra o frase llevarán espacio fino entre ellos y la voz, signo o cifra a que se junten: *18 %, 27 $,* etc. Los signos que se usan aisladamente, sin relación directa con un término concreto, llevan espacio normal: *Waterlow & Sons.*

Símbolos

Como regla general, no deberán utilizarse símbolos en las informaciones. Sólo en titulares y tablas, por razón de su brevedad, se autorizarán excepcionalmente los de grados (°), puntos cardinales *(SO)* y unidades técnicas *(kW).* No se emplearán los símbolos de unidades monetarias que pudieran inducir a confusión a los lectores *(SCH, Y, RBL).* En el caso de la peseta, se preferirá la abreviatura *pts.* al símbolo *PTA.* Los símbolos se escriben sin punto final, al contrario que las abreviaturas.

División a fin de línea

En la división de palabras a fin de línea deberán tenerse en cuenta las siguientes normas:

— nunca se cortarán palabras en titulares, sumarios, ladillos ni textos compuestos en bandera;
— no se dividirán las palabras de sólo cuatro letras;
— no se pueden separar dos vocales, excepto en palabras compues-

tas cuando sean la última y la primera de las dos palabras simples que la forman *(centro-americano)*;

— los compuestos de prefijo y sustantivo pueden dividirse por sus elementos compositivos *(des-amparo)* o por sílabas *(de-samparo)*;

— se procurará evitar que, por efecto de la división, queden a final o principio de línea dos sílabas iguales seguidas *(qué que-ría)*;

— también se evitarán siempre las particiones de las que resulte una palabra malsonante o desagradable *(ano-dino, puta-tivo, encé-falo)*;

— los números romanos con carácter ordinal a continuación de nombres de papas, reyes, etc., así como los numerales ordinales o con ese carácter inherentes a un sujeto *(uranio-98)* deberán incluirse en la misma línea que el nombre o sustantivo al que caracterizan;

— después de punto y seguido no suele dejarse a fin de línea una sílaba que tenga menos de tres letras;

— la línea final de un párrafo no deberá tener menos de cinco letras, sin contar el punto o puntuación que corresponda.

Observaciones gramaticales

Género

Conviene generalizar el femenino a los nombres de profesiones o cargos cuando éstos son desempeñados por mujeres: *la abogada, la catedrática, la jueza, la médica, la ministra, la diputada*. Ciertos nombres, sin embargo, deben utilizarse con un género distinto al que parecerían pertenecer a primera vista. Por ejemplo: *El modista*, no *el modisto*; *la atenuante*, no *el atenuante*; *la eximente*, no *el eximente*; *la agravante*, no *el agravante*.

Existen también formas masculinas o femeninas de un mismo adjetivo olvidadas por el uso, pero no por ello incorrectas. Tal es el caso de *gualdo-gualda, polígloto-políglota, autodidacto-autodidacta*, etc.

En cuanto al género de los nombres de pueblos y ciudades, suelen considerarse femeninos los terminados en *a*: *Sevilla eterna, la Soria de Machado*. Los terminados en *o* y en otras terminaciones suelen considerarse masculinos: *el Madrid de los Austrias, el gran Bilbao*. Existen, naturalmente, excepciones acuñadas por el uso, cuya concordancia obedece a la costumbre o a razones de eufonía: *la bella Easo, la Atenas de Pericles*. Cuando los nombres de ciudad van acompañados de formas como *todo, medio, un, propio* y *mismo*, es frecuente usar la concordancia masculina, aunque el nombre de la población termine en *a*: *todo Málaga, medio Barcelona*.

Plurales

Constituye un problema difícil de resolver el plural de ciertos **vocablos latinos** empleados corrientemente en español, como *accésit, memorándum, plácet, réquiem, tedéum, déficit, superávit, referéndum* y *ultimátum*. Por ello conviene evitarlos, dando a la frase el giro conveniente para utilizar esos nombres en singular. En algunos casos, el problema se resuelve castellanizando el sustantivo, como sucede con *armónium (armonio), máximum (máximo), mínimum (mínimo), referéndum (referendo)* y *currículum (currículo)*.

Dificultades mayores plantean los **neologismos** tomados de idiomas modernos, sobre los que no se ha pronunciado todavía la Real Academia. El problema estriba en que, al añadirles simplemente una *-s* cuando acaban en consonante, se crean grupos consonánticos impronunciables o contrarios a la fonología castellana. He aquí algunos casos ya resueltos por la Academia: *standard,* como *estándar (estándares); complot,* como *compló (complós); carnet,* como *carné (carnés); chalet,* como *chalé (chalés); parquet,* como *parqué (parqués); flirt,* como *flirteo (flirteos); film,* como *filme (filmes); club (clubes); smoking,* como *esmoquin (esmóquines); slogan,* como *eslogan (eslóganes); cock-tail,* como *cóctel (cócteles)*.

Los **apellidos** mantendrán su forma singular, aunque se aluda a ellos en plural: *los Baroja, los Machado, los Quintero*. Las únicas excepciones son los nombres históricos muy arraigados y de dinastías *(los Austrias, los Borbones, los Escipiones, los Pinzones)* y los nombres propios convertidos en comunes *(los goyas, los madrazos)*.

Palabras agudas: En las voces acabadas en vocal tónica, la Academia favorece el plural en *-s (esquís, hurís, maniquís, rubís, bisturís, tabús, champús)*. No ocurre así con los gentilicios de países orientales o arabófonos *(israelíes, saudíes, sefardíes, marroquíes)*.

Palabras o expresiones compuestas: En las formaciones léxicas en las que un sustantivo en aposición cumple función de adjetivo, el uso tiende a pluralizar sólo el primer sustantivo, mientras que el segundo permanece en plural: *coche cama, coches cama; niño prodigio, niños prodigio; novela rosa, novelas rosa; piso piloto, pisos piloto; radiación ultravioleta, rayos ultravioleta; sueldo base, sueldos base*. En otros casos, sin embargo, el plural afecta a ambos términos, e incluso al adjetivo: *guardia civil, guardias civiles*.

Numerales (cardinales y ordinales)

Recuérdese el sistema de los números ordinales:

1.º   primero (primer), -a
2.º   segundo, -a
3.º   tercero (tercer), -a
4.º   cuarto, -a
5.º   quinto, -a
6.º   sexto, -a
7.º   séptimo, -a
8.º   octavo, -a
9.º   noveno, -a
10.º   décimo, -a
11.º   undécimo, -a
12.º   duodécimo, -a
13.º   decimotercero, -a
14.º   decimocuarto, -a
15.º   decimoquinto, -a
16.º   decimosexto, -a
17.º   decimoséptimo, -a
18.º   decimoctavo, -a
19.º   decimonoveno, -a
20.º   vigésimo, -a
21.º   vigésimo (-a) primero (-a)
22.º   vigésimo (-a) segundo (-a)
30.º   trigésimo, -a
31.º   trigésimo (-a) primero (-a)
40.º   cuadragésimo, -a
50.º   quincuagésimo, -a
60.º   sexagésimo, -a
70.º   septuagésimo, -a
80.º   octogésimo, -a
90.º   nonagésimo, -a
100.º centésimo, -a
200.º ducentésimo, -a
300.º tricentésimo, -a
400.º cuadringentésimo, -a
500.º quingentésimo, -a
600.º sexcentésimo, -a

700.°	septingentésimo, -a
800.°	octingentésimo, -a
900.°	noningentésimo, -a
1.000.°	milésimo, -a
10.000.°	diezmilésimo, -a
100.000.°	cienmilésimo, -a
1.000.000.°	millonésimo, -a

Como puede comprobarse, no existen los supuestos ordinales *decimoprimero* (por *undécimo*) y *decimosegundo* (por *duodécimo*), que algunos emplean.

Constituye un grave error confundir los ordinales con los partitivos: *Decimosexto* es un ordinal, mientras que *dieciseisavo* es un partitivo, una fracción. Se tenderá a utilizar siempre los ordinales entre el primero y el vigésimo. No obstante, los cardinales pueden sustituir a los ordinales a partir del décimo: *capítulo décimo* o *capítulo diez*; el *sexagésimo aniversario* o el *sesenta aniversario*.

Deberá evitarse el plural *los treinta, los cuarenta,* o *los treintas, los cuarentas,* para designar, como en inglés, los años del siglo comprendidos entre 30 y 39, 40 y 49, etc. Resulta innecesario, al existir en castellano los términos *decenio* y *década (el segundo decenio de este siglo).*

Manténgase bien la concordancia de un, una en los cardinales compuestos: *veintiún países, veintiuna naciones.*

Recuérdese que el numeral distributivo *sendos* significa «uno (para, de, en...) cada uno de dos o más de dos». Por ejemplo: *Los galardonados recibieron sendas medallas* (una cada uno). Es incorrecto usar sendos en lugar de ambos o con el significado de repetidos: *Le di sendas bofetadas.*

El pretérito perfecto verbal

Una forma gramatical frecuentemente olvidada en el lenguaje periodístico es el pretérito perfecto de indicativo *(ha cantado)* que se sustituye por el indefinido *(cantó)* como si expresara lo mismo. El pretérito perfecto debe usarse cuando se refiera a acciones ocurridas dentro de la unidad de tiempo que aún dura para nosotros: *El presidente ha inaugurado hoy el curso... Esta semana ha bajado la bolsa... Asegura que en su vida ha visto cosa igual.* Por el contrario, el indefinido se refiere a una acción realizada u ocurrida en una unidad de tiempo que el hablante da por concluida: *El Rey inauguró ayer el curso... La semana pasada la Bolsa bajó tres enteros. El año pasado disminuyó el número de turistas...* Igualmente, el imperfecto de subjuntivo *(cantara)* no debe sustituir al pluscuamperfecto de indicativo *(había cantado)*. Resulta pedante afirmar: *La sesión, que comenzara a las cinco de la tarde...*

Condicional de rumor

No deberá incurrirse en el denominado condicional de rumor: *El Gobierno estaría dispuesto a entablar negociaciones... En el incendio habrían muerto doce personas...* Ese condicional, que señala un hecho dudoso, no confirmado ni avalado por nadie, cuya veracidad no se garantiza, es flagrante galicismo.

Condicional / imperfecto de subjuntivo

Evítese la frecuente confusión entre el condicional y el imperfecto de subjuntivo. Es incorrecta la correlación *De haber tenido las medicinas, no habría muerto.* Lo correcto sería *no hubiera muerto,* ya que el subjuntivo implica una hipótesis.

Subjuntivo por indicativo

Evítese el extendido empleo del imperfecto de subjuntivo *(cantara)* como equivalente del indicativo *(había cantado, cantó)* en oraciones introducidas por un relativo. Escribir *La sesión, que comenzara a las cuatro de la tarde, se prolongó hasta la madrugada* es un arcaísmo pedante, ajeno al buen uso del castellano moderno. Lo correcto será: *La sesión, que había comenzado...*

El gerundio

Evítese el abuso del gerundio y, sobre todo, su uso incorrecto. Como regla general, es correcto su uso cuando se relaciona con otra acción que ocurre simultáneamente: *Me canso subiendo escaleras*, o anterior: *Discutiendo este asunto, se perdieron en digresiones inútiles.*

Se debe evitar el llamado gerundio de posterioridad: *Se cayó una casa, matando a tres personas; Se sometió a votación la enmienda, aprobándose por unanimidad.* Sin embargo, hay casos en que el gerundio de posterioridad es correcto: cuando expresa posterioridad inmediata a la acción del verbo principal, como en *Salió de la habitación dando un portazo.*

En cualquier caso, deben evitarse los casos en que el empleo del gerundio dé lugar a oraciones equívocas: *Abordó al presidente entrando en el Congreso* (¿quién entraba?). Asimismo, es totalmente recusable el llamado gerundio del Boletín Oficial: *Mañana se publicará un decreto regulando la exportación de vinos...* Evítese también en lo posible el anglicismo *estar siendo* más participio: *La oferta está siendo estudiada por el comité.* Mejor será *El comité estudia,* o *está estudiando, la oferta.*

Voz pasiva

Deberá darse preferencia a la voz activa sobre la voz pasiva (mejor *Los presidentes han ratificado el acuerdo* que *El acuerdo ha sido ratificado por los presidentes*). Pero, sobre todo, evítese la traducción literal de muchas pasivas inglesas por pasivas castellanas, con el sujeto en cabeza: *Un crédito ha sido votado por el Congreso para los damnificados...* La forma pasiva resulta no obstante insustituible cuando se desconoce o no interesa identificar el agente: *La cartera fue devuelta a su propietaria.*

Deber y deber de

La perífrasis verbal *deber de* + infinitivo significa suposición, conjetura o creencia: *Deben de estar a punto de llegar; debía de tener veinte años.* Por su parte, el verbo deber significa obligación: *Deben incorporarse a su trabajo hacia las cinco.*

Compuestos de haber

Evítense en lo posible las formas compuestas del verbo haber en aras de la precisión idiomática y de la belleza expositiva. Y rotundamente el incorrecto plural *han habido*, vulgarismo con el que algunos sustituyen al impersonal *ha habido*.

Prever / proveer

En la conjugación verbal hay que evitar un error muy difundido: *preveyó, preveyera, preveyendo* (del verbo prever), en sustitución de las formas correctas *previó, previera* y *previendo* (*prever*, compuesto de *ver*, no debe confundirse con *proveer*).

Verbos defectivos

Determinados verbos son defectivos y no pueden conjugarse en todas sus personas. Tal es el caso de *agredir, abolir, transgredir, preterir* y *balbucir* (aunque en este último las formas que no son utilizables pueden suplirse con las correspondientes a *balbucear*). Para evitar las formas inexistentes deberá recurrirse a verbos sinónimos.

A + infinitivo

Evítese emplear la forma *a* más infinitivo como complemento de un nombre, pues constituye otro galicismo igualmente recusable, a pesar de su creciente difusión periodística por la economía de palabras que representa. No deberá escribirse: *Medidas a adoptar, actos a celebrar, procedimiento a seguir*, etcétera. Asimismo, deberán rechazarse expresiones como *olla a presión, avión a reacción, buque a vapor*, que deberán construirse con la preposición *de*.

Verbo más complemento

Evítese sustituir el verbo por el grupo verbo más complemento. Carece de sentido el giro *dar comienzo*, por *comenzar*; *poner de mani-*

fiesto, por *manifestar*; *dar por finalizado*, por *finalizar*; *hacer público*, por *publicar*.

Infinitivo radiofónico

Un vicio muy difundido es el denominado «infinitivo radiofónico»: comenzar una frase por un infinitivo sin más preámbulos: *Añadir que...; señalar por último que...* La fórmula correcta obliga a incorporar el verbo al que el infinitivo va subordinado: *Deberíamos añadir que...; hay que señalar por último que...*

Falso impersonal

Otra figura del lenguaje coloquial que comienza a infiltrarse en la Prensa escrita es el empleo pronominal de la segunda persona de singular para denotar una acción impersonal, sin sujeto explícito: *Allí te dicen que...; entonces te encuentras con que...* Lo correcto sería: *Allí dicen que...; entonces se descubre que...*

El artículo

Evítese el artículo ante patronímicos, por significar flagrante vulgarismo *(La Cibeles)*. Admiten artículos algunos apellidos famosos, como *el Dante, la Pardo Bazán, la Callas*, etc. El nombre propio admite artículo cuando va acompañado de un adjetivo calificativo: *El genial Cervantes*.

Por el contrario, se procurará no omitir el artículo cuando forme parte del nombre de una institución. No deberá escribirse: *En la sede de Naciones Unidas*.

Adjetivos comparativos

Evítese el vulgarismo de escribir *más mayor, más menor, más inferior, más superior...* Deberán evitarse asimismo expresiones como éstas, tomadas del inglés: *el segundo corredor más rápido del mundo; la tercera venta mayor de la temporada*. (Más rápido y mayor son términos absolutos, no admiten gradación.) Será preferible escribir: *el segundo corredor del mundo; la tercera venta en cuantía de la temporada*.

Adjetivos de periodicidad

Recuérdese el significado exacto de algunos adjetivos que designan periodicidad temporal y cuyo empleo suele producir vacilaciones: *bimensual* es lo que sucede o se repite dos veces al mes (no necesariamente cada quince días); *bimestral,* lo que sucede o se repite cada dos meses, es decir, cada bimestre; *bienal,* lo que sucede o se repite cada dos años, es decir, cada bienio; *bianual,* lo que sucede o se repite dos veces al año; *trienal,* lo que sucede o se repite cada tres años, es decir, cada trienio; *cuatrienal* (o *cuadrienal*), lo que sucede o se repite cada cuatro años, es decir, cada cuatrienio. Recuérdese también que *sexenio* es el período de tiempo de seis años y que *sesquicentenario* es la conmemoración del 150º aniversario.

Pronombres

El uso y régimen preposicional de los pronombres relativos da origen a errores. *Quien, quienes* sólo puede referirse a un antecedente personal: *Visité al presidente, con quien mantuve una interesante conversación.* Constituye por tanto error utilizarlo para producir antecedentes no personales, e incluso colectivos de personas: *Recibirá a la comisión, a quien dará cuenta de los hechos. Compareció ante el Senado, a quien informó...*

El pronombre *cuyo (-a, -os, -as)* es relativo y posesivo a la vez: *Un individuo, cuyo nombre no se ha revelado...* Por ello resulta incorrecto usarlo sin valor posesivo: *Se ha producido un grave accidente ferroviario, de cuyo suceso informamos en páginas interiores.*

Vigílese la combinación de *que* con la preposición adecuada, cuando la precise. Hay que evitar construcciones viciosas como: *No había calefacción en el tren que vinimos* (por «en que vinimos»).

Mismo, misma

Conviene evitar el empleo abusivo de los adjetivos *mismo, misma,* en lugar de un pronombre personal o posesivo: *Llegó la avioneta y cinco individuos se bajaron de la misma* (mejor, *de ella*).

Pronombres posesivos

Resultan reprobables construcciones como *detrás mío*, *delante tuyo*, *encima tuya*, *enfrente nuestro*, etc., en las que el posesivo acompaña a un artículo para indicar situación respecto a alguna de las personas del discurso. La construcción castellana correcta será *detrás de mí*, *delante de ti*, *encima de ti*, *enfrente de nosotros*, etc.

Concordancias

Cuídense las concordancias. Se está extendiendo el error de escribir *le*, en singular, cuando se anticipa al complemento indirecto en plural: *Le prometió a los vecinos que fueron a visitarle resolver el problema...* Lo correcto sería *les*.

En cuanto a la concordancia de número con los nombres colectivos, es preferible *La mayoría de los soldados eran asturianos*, que *La mayoría de los soldados era asturiana*. En cambio, parece mejor *El resto de los presentes votó en contra*, que *El resto de los presentes votaron en contra*. La dificultad sólo se presenta en esos casos cuando el colectivo lleva un complemento plural unido por *de*. En los demás, se impone la concordancia en singular: *El matrimonio lo había abandonado*, *La tropa intervino*, *La escuadrilla aterrizó*.

Dequeísmo

Otro vicio del lenguaje popular que en ocasiones se infiltra en las páginas de los periódicos es el horrendo dequeísmo: la construcción de verbos con un complemento preposicional encabezado por *de que*: *Dijo de que no podía venir... Temo de que lo hagan mal...*

Leísmo, laísmo

Se denomina leísmo el empleo de *le*, complemento indirecto, en función de complemento directo: *Después de verle; Le llaman por teléfono; Le comunicó que no podía recibirle*. La abundancia de este uso indujo a la Real Academia a admitirlo únicamente cuando se refiere a personas masculinas, como en los ejemplos anteriores. En cualquier caso, es absolutamente incorrecto el leísmo referido a animales y cosas: *Se le desbocó el caballo y no pudo dominarle; Se le perdió el reloj y no le encontró.*

De la misma manera, el loísmo y el laísmo (empleo de *lo* y *la*, respectivamente, como complementos indirectos) son de todo punto evitables. No deberemos escribir *Lo di un puntapie; La cosí la falda.*

Preposiciones

Un problema particularmente arduo del idioma es el empleo de la preposición *a* ante el complemento directo. Aunque hay casos fronterizos, en general puede emplearse ante nombres comunes, propios o colectivos de persona: *El médico examinó al enfermo*, frente a *El médico examinó una revista; Llamamos a Elisa*, frente a *Llamamos un taxi; Deleitó al público...* No debe emplearse la preposición ante nombres propios no personales: *Visitamos Valladolid; Atravesamos el Manzanares; Conozco muy bien los Pirineos catalanes.* Pero es frecuente, y correcto, que algunos nombres no personales se construyan con preposición cuando se trata de poner de relieve el componente humano que existe en el complemento directo. Resulta, por tanto, igualmente válido, *Salvó la ciudad* que *Salvó a la ciudad; Un crudo invierno azota esa región*, que *a esa región.* Igual acontece cuando el verbo indica acciones preferentemente humanas: *La ley ampara (a) todas las aguas del litoral peninsular.* Como norma general, siempre que no resulte obligada la preposición, deberá prescindirse de ella.

Locuciones prepositivas

Evítense las extendidas locuciones prepositivas *en base a, a nivel de, en función de*, etc. Son muletillas innecesarias y pedantes.

Sobre

Es anormal el uso de la preposición *sobre* por *de*, precediendo a la expresión de la cifra total de la que se ha tomado una parte. Por ejemplo: *Veinte sobre treinta estudiantes fueron suspendidos.* Deberá decirse: *Veinte de los treinta estudiantes fueron suspendidos.*

«Es por eso que»

Evítese a toda costa el galicismo *es por eso que*, para expresar causa. En lugar de *Es por eso que no asistió*, bastará con *Por eso no asistió*.

Porque, porqué; por que, por qué

Escollo frecuente es la confusión entre *porque, porqué, por que* y *por qué*. Veamos la diferencia entre ellos:

— La conjunción causal *porque* se escribe siempre en una sola palabra: *Lo amonestaron porque había cometido una falta.*
— *Porqué* es un sustantivo masculino *(el porqué, los porqués)*, que significa causa: *Esto explica el porqué de sus acciones.*
— No hay que confundirlos con la combinación ocasional de la preposición *por* y el relativo *que: Éstas son las razones por que no puedo ir.*
— Tampoco deberán confundirse con la preposición *por* y el interrogativo *qué* (siempre acentuado): *¿Por qué no vienes?*

«Y/o»

La deplorable combinación *y/o* resulta antiestética y redundante, ya que la conjunción *y* conserva su virtud adversativa en nuestro idioma. En la mayoría de los casos bastará con *o*.

Prefijos

Los prefijos (*anti, contra, des, micro, mini, pre, sub, super*, etc.) se escribirán siempre unidos sin guión a la palabra que modifican: *antidisturbios, contraorden, minicrisis, subíndice...* Sólo en el caso de que la palabra modificada comenzase por mayúscula, el prefijo se unirá a ésta por un guión corto: *mini-Casa Blanca.*

La única excepción la constituye el prefijo *ex*, antepuesta a nombres de cargo o adjetivos de persona, con el significado de que ésta ha dejado de ser lo que aquéllos representan. Con este uso deberá escribirse separada del nombre y adjetivo y sin guión: *ex ministro, ex presidente.*

En los demás casos, *ex* significa fuera, más allá, y forma parte de la palabra a la que modifica, por lo que se escribe unida: exponer, excomulgar, extender.

Orden sintáctico

Respétese el orden lógico de los elementos oracionales: sujeto, verbo, complemento directo, indirecto y circunstanciales. Sin embargo, en ocasiones conviene alterar este orden en aras de la claridad, el énfasis o la amenidad de la exposición. Dentro de la oración compuesta, la proposición principal normalmente debe preceder a la subordinada: *Un nuevo accidente automovilístico se produjo ayer en el mismo lugar en que el domingo arrolló un camión a un turismo.* La separación de los complementos del término complementado produce ambigüedades extravagantes, acentuadas a menudo por una puntuación defectuosa: *El taxi se encontraba en las afueras de la ciudad, cerca de un edificio destinado a almacén con las puertas abiertas.*

Normas de redacción y estilo de ABC

Vocabulario accesible

Los redactores de ABC usarán siempre un vocabulario que resulte accesible al lector medio: nunca se emplearán palabras que el propio redactor no entienda. Toda palabra desconocida es un obstáculo para la comprensión del texto, lo que incomoda al lector. (Cuando no haya más remedio que utilizar términos poco frecuentes, deberá explicarse su significado.) Asimismo, se reducirá al mínimo el uso de tecnicismos, neologismos, extranjerismos y expresiones de argot.

Deberá preferirse la palabra corta a la larga; la simple a la compleja; la concreta a la abstracta; la castellana a la escrita en un idioma vernáculo o extranjero.

Úsense los modismos y locuciones con tacto y buen gusto, incluso cuando su sentido sea el adecuado. (Los términos de argot suelen tener asociaciones o sentidos irrespetuosos, aparte del principal.)

Cuando se mencione un lugar geográfico poco conocido, deberá indicarse a qué región o país pertenece.

En cualquier caso de duda o discrepancia, la autoridad será la última edición del diccionario de la Real Academia Española.

Frases cortas

Cada idea deberá expresarse, si es posible, en una oración y la información deberá redactarse empleando frases no excesivamente largas. Experiencias sobre la legibilidad y la memoria demuestran que en una frase de longitud media (de 20 a 30 palabras), el lector retiene peor la segunda mitad que la primera; si tiene más de 40 palabras, gran parte de la frase no suele memorizarse.

Claridad y precisión

Todo texto destinado a publicarse deberá estar redactado en términos simples, directos y efectivos. Deberá huirse de ambigüedades, abstracciones y generalidades no respaldadas por hechos.

Deberá redactarse también con precisión. En lugar de decir que una persona es alta, o gruesa, será mejor precisar cuál es su estatura o su peso.

Si una palabra tiene dos o más sentidos, deberá usarse siempre con el mismo sentido en cada información para no confundir al lector.

No conviene abusar de los incisos o paréntesis para no romper el hilo de la narración. Es preferible separar la idea incisa en una oración o frase nueva.

Húyase de las frases hechas y del uso de términos que han perdido su sentido original a fuerza de abusarse de ellos. El mayor enemigo del idioma es el lenguaje oficial, el de los políticos, que contamina la claridad y oscurece los significados con abstracciones, eufemismos y un torrente de palabras innecesarias.

Ni los lectores tienen tiempo ni el periódico espacio para reiteraciones ni abstracciones: cada palabra debe ser comprendida por el pueblo llano; cada frase debe resultar clara a la primera ojeada; cada información debe destacar y transmitir algo que interese.

Belleza y armonía

Deberá evitarse la monotonía. Alternar frases largas y cortas modifica el ritmo de la narración y hace más grata la lectura. Por el mismo motivo, deberá variarse la construcción de las frases. La amenidad es la cualidad que hace legible un texto, sobre todo si es largo.

Deberá vigilarse toda repetición innecesaria de palabras y conceptos. Igualmente, deberá procurarse no comenzar y terminar todas las frases de forma parecida.

El redactor procurará que el discurso escrito transcurra con suavidad; vigilará los enlaces y la sucesión de frases armoniosas, sin transiciones bruscas.

Como las palabras, los signos de puntuación no son elementos arbitrarios del idioma: son el código que permite al lector entender con precisión lo que queremos transmitirle.

Impersonalidad

Deberá redactarse de manera impersonal, huyendo del pronombre personal de primera persona. Toda información deberá redactarse en tercera persona. En las entrevistas jamás se tuteará al entrevistado, salvo que su corta edad autorizara esa familiaridad.

Buen gusto

Por respeto a la sensibilidad de sus lectores, el periódico no acogerá en sus páginas expresiones soeces, obscenas o blasfemas; sólo lo hará citando entrecomilladas manifestaciones ajenas, cuando tales expresiones revistan indudable valor informativo o reflejen la personalidad de quien las profiere. En lo posible, esos términos indeseables deberán velarse mediante el empleo de la inicial seguida de puntos suspensivos.

Por la misma razón se evitarán descripciones escabrosas u obscenas innecesarias que pudieran ofender la sensibilidad de los lectores.

Información frente a opinión

Deberá separarse escrupulosamente la información de la opinión. Ésta, en último extremo, tiene su acomodo en las páginas o secciones editoriales del periódico. En determinados casos, como acontece en las crónicas, es inevitable una cierta dosis de opinión personal del autor, en su calidad de observador excepcional de los hechos que relata.

Moderación en los adjetivos

No deberá abusarse de los adjetivos. Sólo deberán utilizarse cuando añadan precisión y economía a la frase, no para otorgarle énfasis ni decoración. Evítense a toda costa los tediosos clichés idiomáticos en la combinaciones sustantivo-adjetivo: *información puntual, negociación funcional, consolidación institucional, jornada apretada, estructuras dinamizadas...*

Activa mejor que pasiva

Dése preferencia a la voz activa frente a la pasiva, en aras del vigor de la expresión y de la economía de palabras: *se ha dado de alta,* mejor que *ha sido dado de alta; la policía arrestó al delincuente,* mejor que *el delincuente fue arrestado por la policía.*

Afirmativo mejor que negativo

Toda frase debe aseverar o afirmar algo, por lo que deberá preferirse la forma afirmativa a la negativa: *ha rechazado,* mejor que *no ha querido; el huido sigue en libertad,* mejor que *no ha sido capturado.*

El arte de titular

Los **títulos** expresarán de forma sintética, pero gramaticalmente correcta, lo sustancial de la información. Subrayarán la importancia, el interés o la novedad de la noticia, e invitarán a su lectura. Los **sumarios** explicarán o ampliarán la información contenida en los títulos.

Cada elemento de un título deberá exponer una idea o enunciado, sin nexo gramatical con el siguiente elemento. Evítese la siguiente y anómala relación entre título y sumario: *Urgente vacunación de caballos en Andalucía / Por culpa de la peste equina.*

Cada título y cada sumario deberán tener, al menos, un verbo. La noticia es actividad, y el verbo representa acción. Ningún título ni sumario deberá estar redactado en forma interrogativa, salvo casos excepcionales, cuando se busque deliberadamente ese efecto.

Deberá procurarse que ningún sumario repita las palabras clave contenidas en el título, ni los mismos tiempos verbales, ni que ambos comiencen por artículo. También deberá evitarse repetir la misma palabra en dos titulares de la misma página.

La economía de palabras que caracteriza al título no servirá de excusa para eliminar cualquier elemento gramaticalmente necesario. Como norma general, el título deberá contener al menos los dos elementos fundamentales de la noticia: el «qué» y el «quién».

Las virtudes esenciales de todo título serán la imparcialidad, la precisión y la exactitud. Lo que enuncie deberá ser cierto con respecto a todo el texto, no sólo a una parte.

Información

La información se presentará con máxima objetividad, corrección, impersonalidad y amenidad.

No se omitirá ninguno de los interrogantes tradicionales que definen la noticia («qué», «quién», «cuándo», «dónde», «cómo» y «por qué»), sin olvidar sus antecedentes y posibles consecuencias. Si se desconociera alguno de sus elementos, se dejará constancia explícita de tal circunstancia y de sus motivos.

La información se presentará según la estructura de interés decreciente de la pirámide informativa. Jamás deberá olvidarse la regla de oro del periodismo escrito: lo más importante deberá exponerse al comienzo.

La información deberá estructurarse de manera atractiva. Una hábil alteración del ritmo expositivo le prestará amenidad y estimulará su lectura.

Se procurará que cada párrafo desarrolle un elemento o aspecto de la información. Los párrafos no deberán ser excesivamente largos: no deberán contener menos de tres líneas ni más de doce. También podrá alternarse la longitud de las oraciones.

El primer párrafo, **entradilla** o **lead**, contendrá los máximos datos de interés y de justificación de la noticia, que serán desarrollados en el resto de la información.

No es imprescindible el relato cronológico de los hechos, pues su exposición deberá subordinarse a la norma de interés decreciente. La estricta secuencia temporal se reservará para las **cronologías, resúmenes** o «películas» de los hechos.

Si el argumento principal de una información consiste en ofrecer puntos de vista contrapuestos sobre un mismo hecho, optaremos por la fórmula de la **encuesta**, en la que se identificará perfectamente a cada uno de los opinantes o informadores.

Crónica y reportaje

Aunque la crónica cuenta en ABC con una notable tradición literaria, las limitaciones de espacio han impuesto un nuevo estilo más directo, informativo y analítico frente a lo subjetivo de antaño. Hoy prevalece más lo investigativo e interpretativo que lo puramente narrativo o descriptivo.

La crónica, como el reportaje, son géneros más personales que la pura, escueta información. Y ambos toleran un mayor protagonismo de su autor, en la medida que investiga, selecciona, presenta y enriquece unos hechos de los que es testigo; los relaciona e interpreta, con sus antecedentes y previsibles consecuentes.

El mayor protagonismo del cronista y del reportero no está reñido con la despersonalización expositiva. Ello recomienda evitar el uso de la primera persona de singular, salvo casos excepcionales.

Declaraciones

Todas las palabras, declaraciones u opiniones ajenas que se transcriban literalmente en un texto informativo se entrecomillarán sin tergiversar el sentido o intención con que fueron expuestas. Ello no impedirá al redactor seleccionar los pasajes más interesantes ni, ocasionalmente, alterar el orden de lo que se le manifiesta.

Deberá identificarse siempre al autor de las declaraciones, bien por su nombre o por cualquier otra característica que sustente, justifique o aporte autoridad a sus palabras. La identificación se efectuará al menos una vez, al comienzo, interpolada o al final de la frase transcrita.

Identificación al comienzo:

> *El señor Fraga ha declarado al respecto: «No deseo una polémica. Interpreto que lo que ha querido decir el delegado del Gobierno en funciones es que los medios que pone la Administración central son importantes.»*

Identificación interpolada:

> *«¡Hijo de mi vida!, que Dios te guarde —decía una mujer mayor*

a su sobrino, capitán de intendencia de una de las corbetas—.
¡Que tengáis buen viaje, que volváis como os vais.»

Identificación posterior:

Sin embargo, la baja de Bernstein no supondrá una pérdida eco-
nómica para el festival, puesto que «la mayoría del público que
acude a la Porticada asiste a escuchar música», según José Luis
Ocejo.

La entrevista

Ninguna entrevista transcribe literalmente todas las palabras del entrevistado. Es lícita una condensación que elimine expresiones incon-
venientes o reiterativas, sin que ello signifique alterar el sentido de lo
declarado ni añadir ningún concepto no expuesto por el entrevistado.

También es lícito alterar el orden de preguntas y respuestas para
anteponer las más interesantes o reforzar la argumentación, con respeto escrupuloso al espíritu de las declaraciones.

Las preguntas serán concisas y directas, pues sólo pretenden invitar
al entrevistado a exponer sus opiniones. Ninguna pregunta deberá llevar implícita la respuesta.

La entrevista incluirá en lugar preferente detalles sobre la figura
del entrevistado, el hecho que la motiva y otros datos o antecedentes
necesarios. No obstante, podrá comenzar por una frase del entrevistado que resuma el motivo de la entrevista y ponga al lector en antecedentes.

El entrevistado deberá ser siempre perfectamente identificado con
todos los atributos personales que resulten pertinentes para otorgar autoridad o interés a sus declaraciones.

Norma básica de la entrevista será no tutear jamás al entrevistado,
salvo que su corta edad autorizara esa familiaridad.

Siempre que el entrevistador se dirija al entrevistado, lo hara sin
omitir su tratamiento correcto cuando proceda (*Alteza, Eminencia, se-*
ñor presidente, etcétera). Esta deferencia con el entrevistado no está
reñida con la norma general sobre **títulos y tratamientos** de este
Manual.

Diálogos

Los diálogos literales pueden transcribirse de varias maneras, aunque siempre deberá emplearse la misma fórmula en cada información:

— Si las frases transcritas de cada interlocutor son largas, debe iniciarse con guión largo cada párrafo en que cambie la persona que habla, y dentro de él pueden incluirse incisos aclaratorios:

> —*A la vista de los datos, ¿nos encontramos con un mercado en recesión?*
> —*No creo que en estos momentos el mercado inmobiliario esté en recesión. Existe una gran disparidad de situaciones, aunque la demanda es patente que ha cambiado.*

— Si se utilizan frases cortas o se interpolan observaciones del entrevistador, las frases literales pueden transcribirse entre comillas. En este caso, los incisos se acotarán entre guiones, o se interrumpirán las comillas para reanudarlas después del inciso aclaratorio:

> —*El Partido Popular ¿seguirá defendiendo el Servicio Militar? «Yo no haré nunca demagogia sobre la cuestión», afirma resuelto. «Evidentemente, el Servicio Militar me preocupa por varias razones, sobre todo por ser la definición del grado de compromiso de la sociedad española con la defensa y seguridad de España.»*

— Si la entrevista es muy formal o literal, se citará al principio de cada párrafo, una sola vez, el nombre de cada interlocutor, en negritas. Cada nueva intervención irá precedida de las iniciales respectivas, también en negritas, seguidas de dos puntos.

> **ABC:** *Los mismos compañeros que hoy le acusan de extremismo antes decían que quería pactar con el régimen. ¿Ha cambiado usted o han cambiado sus amigos?*
> **Lech Walesa:** *Yo no he cambiado; uso los mismos métodos y pienso lo mismo. Han cambiado las tareas.*
> **ABC:** *Sus críticas hacen pensar en profundas diferencias con Mazowiecki, el jefe del Gobierno...*

L. W.: *No es así. Las diferencias existen siempre cuando se hace un proyecto. Pero estas diferencias mías con algunos compañeros han sido presentadas como una guerra contra el Gobierno.*

Nombres de personas

Siempre que se mencione por primera vez en una información a una persona, deberá hacerse con su nombre y apellido, e identificarla con el cargo, profesión, edad u otra circunstancia personal oportuna o de valor informativo. En menciones sucesivas bastará con el apellido, cargo o circunstancia personal predominante, siempre que no se produzca confusión.

Las personas citadas en las noticias no deberán ser identificadas por su raza, color, religión u origen étnico, a menos que tal identificación resulte necesaria para la comprensión de los hechos relatados. Aunque *negro* o *gitano* en un informe sobre discriminación racial resultan aclaraciones necesarias, en otros contextos pudieran resultar adjetivaciones irrelevantes u ofensivas.

Se procurará especialmente que los nombres de pila extranjeros no aparezcan castellanizados ni transcritos en idioma distinto al de origen o naturalización de la persona en cuestión: por ejemplo, al referirnos a Gorbachov, no lo llamaremos Michael (inglés), ni Michel (francés), sino Mijail (ruso).

Ofreceremos siempre la versión castellana de los nombres extranjeros cuando correspondan a Reyes o Papas; personajes históricos, como Ana Bolena, Pedro el Ermitaño, Jorge Washington; o artistas, como Miguel Ángel o Ricardo Wagner.

Téngase en cuenta que en los nombres chinos el apellido figura en primer lugar. En consecuencia, Deng Xiaoping se convertirá, en las citas posteriores de una misma información, en Deng. En el sistema pinyín de transliteración se ha eliminado el uso del guión.

En cuanto a los nombres árabes, muchas personalidades prefieren la transliteración inglesa: Mohamed, en lugar de Mohammed; Tewfik, en lugar de Tawfiq; Anwar Sadat, en lugar de Anouar el-Sadate. Por otra parte, el artículo *el-* o *al-* contenido en muchos nombres árabes suele omitirse en la transliteración inglesa; se mantiene únicamente cuando desaparece el guión y el artículo se integra en el nombre: Mohamed Alsheikh. En segundas referencias se utilizará siempre el apellido familiar, a menos que la persona forme parte de la realeza: Mubarak, por Hosni Mubarak; pero el Rey Hussein ibn Talal de Jordania será Hussein.

En los nombres portugueses, el primer apellido es el materno y el segundo el paterno. Por consiguiente, las personas de aquel país no deberán citarse sólo por el primer apellido sino por ambos a la vez o, en todo caso, por el segundo.

Ocultación de nombre

Sólo se ocultará excepcionalmente el nombre de los protagonistas de la información por razones humanitarias, para proteger su honor, su dignidad o su seguridad. No se identificará con su nombre completo a los delincuentes menores de edad, a las víctimas de violaciones o a quienes cometan suicidio. Bastará, en cada caso, con las iniciales, salvo que la popularidad de la persona o el desbordante interés informativo del caso aconsejen renunciar a esta medida de discreción.

La misma norma se seguirá por razones de seguridad, cuando de la divulgación del nombre pudieran derivarse daños a las personas, como en el caso de miembros de las fuerzas de seguridad del Estado en misiones de inteligencia. En este sentido, ABC respetará siempre las peticiones de discreción que le sean formuladas por las fuentes informadoras.

Difamación

Difamación es toda aseveración falsa, impresa o difundida, que desacredita a una persona y tiende a hacerla víctima de aversión, desprecio o ridículo público, o a perjudicarla en sus actividades. El Código Penal la define como «imputación maliciosa de hechos que racionalmente puedan atentar contra la intimidad, imagen, dignidad y honorabilidad de las personas». Quien se considere víctima de difamación puede entablar una querella por injurias contra los responsables de su difusión o publicación, por atentado contra el honor, por calumnia o por falsa imputación de delito.

Para evitar incurrir en difamación, todos los redactores deberán extremar el cuidado en la preparación y valoración de sus informaciones y eliminar aquellas afirmaciones que pudieran constituir motivo de querella.

Para ello resultará recomendable:

- Informar siempre a base de hechos, tratar de obtener opiniones de ambos lados en temas controvertidos y mencionar siempre las fuentes.
- Ser lo más preciso posible en las noticias sobre detenciones, investigaciones o diligencias policiales, y en cuantas actividades pudieran ser constitutivas de delito.
- No considerar a nadie sospechoso ni autor de un delito mientras los tribunales no se hayan pronunciado mediante sentencia firme al respecto.
- Reproducir exactamente las citas, aunque teniendo en cuenta que esto no constituye en sí mismo defensa contra una acusación por difamación si la reproducción contiene información falsa sobre personas, empresas u organizaciones.
- Tratar de evitar el uso de términos peyorativos referidos a personas o entidades, que pudieran motivar una acusación por difamación, así como manifestaciones injuriosas, calumniosas o de imputación de delito, vinculación con delincuentes, comportamientos o actitudes ilícitos, delictivos o antisociales.

Cuando una información contenga hechos comprobados y de indudable valor informativo que pudieran dar lugar a reclamación, la procedencia de su publicación deberá consultarse obligatoriamente con el jefe de Sección respectivo y, en su caso, con la Asesoría jurídica del periódico.

Respeto a la intimidad

ABC respetará en sus páginas el derecho de las personas a mantener protegida su vida privada. Ese respeto a la intimidad individual y familiar marcará el límite de la permisible intromisión informativa. Cuando existan imperativos informativos superiores, se sopesarán escrupulosamente en cada caso las exigencias del deber a informar y la protección de la intimidad, de manera que los derechos de los lectores queden satisfechos sin que el periódico se vea inmerso en litigios ni reclamaciones. En el caso de personas de relevancia pública, se tendrá en cuenta que esos límites resultan menos definidos, al estar expuestas, por razón de su cargo o servidumbres de la popularidad, a un escrutinio informativo más intenso.

El periódico evitará asimismo toda intrusión informativa en el dolor personal.

Edad

La edad de las personas se mencionará en la información siempre que resulte un dato pertinente o facilite la identificación del sujeto. En ningún caso se omitirá la palabra años a continuación de la cifra *(XX, de veintisiete años...)*.

Se emplearán los términos *criatura* o *bebé* hasta el año de edad; *niño* hasta los doce años; *muchacho* o *adolescente* hasta los dieciocho, aproximadamente, y *joven* hasta alrededor de los veinticinco.

Títulos y tratamientos

Como regla general, en la mención de las personas se suprimirán todos los **tratamientos** civiles, eclesiásticos o militares, como *señor, don, señoría, reverendo, monseñor, excelencia,* etcétera. Sólo se mantendrán aquellos tratamientos unánimemente aceptados para designar a un personaje, como *Madre Teresa de Calcuta, Su Santidad el Papa Juan Pablo II,* etc.

Se reservará siempre el tratamiento de Don y Doña, con la inicial mayúscula, aplicados al Rey, la Reina y los miembros de la Familia Real española, tanto si se anteponen o no a sus títulos: *el Rey Don Juan Carlos, Doña Sofía, Don Juan de Borbón, la Infanta Doña Elena.*

En los documentos, comunicados y reseñas de actividades de la Familia Real española y de los actos oficiales a los que asistan o en los que estén representados no se omitirá el tratamiento que corresponda a cada uno de sus miembros: *Su Majestad el Rey; S.A.R. el Príncipe de Asturias.*

En las reseñas de actos oficiales celebrados en España a los que asistan o en los que estén representados miembros de otras Casas Reales o de la Nobleza extranjeras, se respetarán igualmente los tratamientos honoríficos que legítimamente les correspondan.

Al Rey de un país podrá mencionársele también como monarca o soberano (este último título es válido también para una reina). No deberá calificarse de Reyes a la pareja compuesta por un monarca y su consorte, cuando constitucionalmente este último no tenga rango real (por ejemplo, el caso del Reino Unido).

En la generalidad de las monarquías, todos los hijos del Rey son Príncipes o Princesas. En la Casa Real española, los hijos del Rey son Infantes o Infantas, salvo el heredero o la heredera de la Corona, que es Príncipe o Princesa de Asturias.

Se mencionarán los títulos nobiliarios en las reseñas de actos oficiales y cuando los titulares de los mismos los utilicen habitualmente o sean comúnmente conocidos por ellos: *la duquesa de Alba, el conde de Motrico.*

En la **entrevista** no se omitirá el tratamiento debido al dirigirse a la persona entrevistada.

Lenguas vernáculas no castellanas

Siempre se dará preferencia a la palabra castellana sobre la escrita en otras lenguas vernáculas. Esta norma afecta también a los nombres de instituciones *(Generalidad de Cataluña)* y demás entidades públicas.

Sólo se mantendrá la forma vernácula en los casos de difícil traducción o cuando la versión castellana no garantice la misma precisión ni economía de palabras: *lendakari, ertzanza, ikurriña, xiquets.*

Como en el caso de los idiomas extranjeros, todo sustantivo en otro idioma vernáculo español distinto del castellano se escribirá en cursivas.

Los nombres de persona se reproducirán en la forma en que habitualmente los utilice el interesado: *Jordi Pujol, Miquel Roca,* etc.

En cuanto a los topónimos en lenguas vernáculas españolas, véase el epígrafe **Topónimos españoles**.

Siglas

Se explicará el significado de toda sigla incluida en una información, salvo las más conocidas (CE, ONU, PSOE, OTAN, etcétera). La primera vez que se mencione una organización o empresa deberá transcribirse su nombre completo, seguido entre paréntesis de las siglas correspondientes. En posteriores alusiones bastará únicamente con las siglas.

ABC ha adoptado la costumbre moderna de eliminar los puntos en las siglas, a diferencia de las abreviaturas. Se exceptúan las iniciales de los tratamientos: *S. M., S. A. R., S. S.,* y las duplicadas que designan conceptos en plural: *SS. MM., EE. UU., CC. OO.,* puesto que éstas tienen carácter de abreviatura.

Téngase en cuenta que determinadas siglas acaban sustantivándose *(ovni, sida),* en cuyo caso se escribirán con minúsculas.

Las siglas carecen de plural. No es correcto escribir las *OPAs* o los *LPs,* a la inglesa. En este caso es preferible sustantivar el término: *las opas, los elepés.*

Se preferirá siempre EE. UU. frente a USA.

Se restringirá el uso de siglas en titulares, salvo las más conocidas. A pesar del ahorro de espacio que proporcionan, pueden inducir a confusión.

En los casos de nombres o entidades traducidos de idiomas extranjeros o vernáculos, se respetarán sus siglas originales: *Solidaridad Vasca (EA), Partido Socialista Panhelénico (PASOK).*

Las siglas no deberán dividirse a final de línea en ningún caso.

Acrónimos

Conviene distinguir los acrónimos de las siglas. Los acrónimos son palabras formadas artificialmente por truncamiento de otras, de las que toman una o más letras, buscando la eufonía propia de los sustantivos. Pueden dar lugar a nombres comunes (bit, láser, radar, talgo) o propios: Afanias, Aviaco, Benelux, Comecon, Fenosa, Fitur, Renfe, Rumasa, etc. A diferencia de las siglas, en los acrónimos sólo se escribirá en mayúsculas la inicial, cuando corresponda.

Topónimos españoles

En los topónimos de las Comunidades bilingües se dará siempre preferencia a la grafía castellana para designar a las propias Comunidades, capitales de provincia y ciudades importantes y accidentes geográficos destacados: *Cataluña* y no *Catalunya*; *Alicante,* en vez de *Alacant*; *Vitoria* en vez de *Gasteiz.*

En los demás casos podrán utilizarse las grafías vernáculas aprobadas por el Instituto Geográfico Nacional o las Comisiones de normalización toponímica de las Comunidades respectivas, siempre que no difieran sustancialmente de las castellanas y puedan ser fácilmente identificadas por los lectores castellanohablantes.

En los casos de difícil reconocimiento, al topónimo vernáculo deberá añadírsele entre paréntesis el nombre castellano: *Elx (Elche)*, *Hondarribia (Fuenterrabía)*, etc. Esta norma es de rigurosa aplicación en la data de las noticias.

(Véase el apéndice **Topónimos vernáculos y su correspondencia en castellano.**)

Topónimos extranjeros

En la transcripción de topónimos extranjeros deberá usarse siempre la versión castellana, cuando exista con suficiente arraigo histórico: *Cornualles, Dordoña, Grisones.* Tales topónimos se acentuarán gráficamente según las normas de nuestro idioma: *Aquisgrán, Nápoles, Támesis.*

El problema se plantea en los nombres propios de idiomas con alfabetos distintos al romano, o sin tradición escrita, cuyos topónimos nos llegan a través de una o varias lenguas intermediarias, fundamentalmente el inglés y el francés. De no existir una versión castellana aceptada y generalizada de estos topónimos, deberán adaptarse los sonidos de los demás alfabetos, en lo posible, a la grafía y fonética originales. Ejemplos: *Abiyán, Chernobyl, Nuakchot.*

En los nombres chinos se adoptará la versión correspondiente al sistema *pinyin* (aunque depurándolo de su excesiva influencia fonética inglesa). Las únicas excepciones serán Pekín (no Beijing), Tientsin (no Tianjin), Chungking (no Chongqing), Cantón (no Guangzhou) y Nanking (no Nanjing).

ABC mantiene las grafías tradicionales México, Texas, Oaxaca (sin olvidar que se pronuncian Méjico, Tejas y Oajaca).

En los casos en que los Gobiernos respectivos deciden cambiar topónimos que ya tenían forma castellanizada, se incluirá la forma entre paréntesis a continuación del nuevo topónimo, hasta que éste se popularice: *Burkina Faso (Alto Volta), Kampuchea (Camboya), Sri Lanka (Ceilán),* etc.

(Véase el apéndice **Topónimos extranjeros.**)

Gentilicios

Sólo se utilizarán gentilicios cuando pueda identificarse fácilmente el origen geográfico y no se presten a confusión *(tudelano, marroquí)*. En los demás casos deberá mencionarse el nombre geográfico: *los habitantes de Calatayud; los naturales de Santo Tomé.*

En los gentilicios y adjetivos relacionados con la mayoría de los países, regiones o entidades de población de lengua árabe, y por extensión a los de credo islámico, se preferirá la terminación í *(ceutí, iraní, magrebí, paquistaní, saudí)* a cualquier otra. No obstante, hay excepciones como *argelino, egipcio, sudanés.*

En el caso de Israel, deberá tenerse presente que *israelí* se refiere al actual Estado de Israel, mientras que *israelita,* sinónimo de judío o hebreo, tiene una connotación histórica y hace referencia al antiguo reino de Israel. También se preferirá *sefardí* a *sefardita.*

(Véanse los apéndices **Gentilicios españoles** y **Gentilicios extranjeros.**)

Monedas

En las informaciones procedentes del extranjero, se respetarán las cantidades expresadas en dólares estadounidenses por su carácter internacional y su facilidad de conversión. Todas las cantidades consignadas en otras monedas deberán convertirse a dólares o, mejor, a pesetas.

En las informaciones datadas en España, todas las cantidades en monedas extranjeras deberán convertirse obligatoriamente a pesetas, citando entre paréntesis su equivalencia en nuestro signo monetario. Igual norma se seguirá con las alusiones a signos monetarios antiguos o en desuso, cuyo equivalente en pesetas actuales deberá calcularse siempre que resulte posible, aun de forma aproximada.

Nunca se abreviará el signo monetario, ni se emplearán sus símbolos, salvo en los casos prescritos en **Abreviaturas** y **Símbolos.**

Téngase en cuenta en las conversiones que el *billion* del inglés americano no significa en castellano un billón (un millón de millones), sino mil millones. Igualmente, el *milliard* francés significa mil millones.

(Véase el apéndice **Unidades monetarias de otros países.**)

Medidas y equivalencias

Conviértanse al sistema métrico decimal todas las medidas expresadas en otras unidades. (Véase para ello el apéndice **Medidas y Equivalencias** de este Manual.) La única excepción serán las millas náuticas para referirse a distancias en el mar. Cuando por alguna circunstancia sea preciso mencionar medidas antiguas o en desuso, se procurará consignar entre paréntesis su equivalencia en el sistema métrico.

Referencias temporales

Al no ir fechadas las informaciones en el diario, deberá evitarse toda referencia temporal que induzca a confusión al lector. Sólo se utilizarán «ayer» o «anoche» al describir hechos ocurridos la víspera de la fecha que ostenta el periódico. En los demás casos recientes se añadirá el día de la semana: *anteayer, jueves; el pasado martes*.

Cuando hayan transcurrido más de seis días del suceso descrito no se mencionará el día de la semana; bastará con la fecha *(el pasado día 14)*, salvo que aquél resulte un elemento lógico o aclaratorio: *en la corrida del domingo día 14*.

Algunos hechos pueden haberse producido el mismo día de la fecha del periódico, es decir, después de las cero horas. En tal caso, la referencia temporal será «esta madrugada».

Se evitará el uso de anfibologías como «ayer mañana», por «ayer por la mañana» o «en la mañana de ayer».

Referencias horarias

Las horas se consignarán preferentemente con letra, sobre todo cuando contengan fracciones: *las dos y cuarto, las ocho y media*. Se evitarán las notaciones a.m. y p.m., que se sustituirán por el período correspondiente del día: *diez de la mañana; cinco de la tarde, once de la noche*.

En las secuencias horarias podrán utilizarse cifras. En tal caso se adoptará el sistema de 24 horas y las horas se separarán de sus fracciones por un punto: *las 3.30; las 18.15*.

Las marcas horarias deportivas se expresarán también con puntos:

1.34.42 (una hora, treinta y cuatro minutos, cuarenta y dos segundos).
Toda referencia horaria a hechos ocurridos en el extranjero deberá aclarar si corresponde a la hora local. En ese caso, se consignará también, entre paréntesis, la hora española. (Véase el apéndice **Diferencias horarias.**)

Atribución de fuentes

Toda información deberá mencionar las fuentes en que se apoya, salvo que la comprobación personal de los hechos descritos por el redactor o corresponsal quede implícita. El periodista se abstendrá de interpolar opiniones propias no deducidas de los hechos que relate.

Será rigurosamente obligatorio atribuir la autoría de opiniones, juicios de valor, teorías y explicaciones ajenas, así como de estadísticas o resultados de investigaciones o experiencias recientes cuyo origen se conozca.

Cuando la información provenga de una declaración pública o escrita, se mencionará claramente la fuente individual o colectiva cualificada para emitirla. La atribución de la fuente será lo más precisa posible. Se evitará incurrir en vaguedades como «fuentes informadas» o «se informó»; por el contrario, se precisará si fueron fuentes, medios o círculos policiales, militares, diplomáticos, políticos o de un organismo, institución o empresa determinados.

En los casos en que no sea posible o conveniente revelar la identidad exacta de una fuente, deberán utilizarse expresiones elípticas que al menos brinden una idea de su condición y autoridad: *fuentes fidedignas parlamentarias, altos cargos del Ministerio, medios cercanos a la presidencia de la empresa,* etcétera.

Recordemos la distinción entre portavoz, informante y fuente. El primero es una persona autorizada por la institución u organismo al que representa para formular una declaración que vincula al mismo. Un informante o fuente, aun perteneciente al organismo o institución, no representa necesariamente la opinión autorizada del mismo.

En este sentido conviene tener presentes varios términos acuñados internacionalmente en el ámbito de la información:

- Una información es pública *(on the record)* cuando todo su contenido y los nombres de las fuentes pueden utilizarse. La reseña de una conferencia o el contenido de una entrevista, por ejemplo, pertenecen a esta categoría;

- Una información no atribuible *(not for attribution)* es aquella que se proporciona para ser publicada, pero sin que pueda darse a conocer la identidad de la fuente;
- Información de referencia *(background)* es la que se facilita para orientar al periodista; su espíritu general puede emplearse en la información que éste elabore, aunque haciendo la salvedad de que él no es la fuente original de esa información;
- La información *off de record* (extraoficial, confidencial) se proporciona generalmente para no ser publicada. No obstante, si el periodista puede confirmar esa información en otra fuente que hable con carácter no restringido, podrá publicarla.

El redactor deberá ponderar cada información, tanto si se le proporciona o no con alguna de estas restricciones, y equilibrar juiciosamente el interés de sus lectores con el eventual compromiso adquirido con las fuentes.

Secreto profesional

Si mediara una petición formal de ocultación de nombre por parte de la persona informante, el redactor deberá respetar esta petición como deber ético y protegerá sus fuentes confidenciales de información amparándose en el secreto profesional.

Material embargado

Se considera material embargado el que se distribuye a los medios informativos antes de ciertos actos, discursos o conferencias de prensa, con prohibición expresa de difusión antes de la fecha u hora de celebración. Este material suele brindar información adicional o más detallada, y a menudo contiene las versiones completas de discursos o documentos de interés.

Los redactores respetarán cada compromiso de embargo, a menos que sea vulnerado por otro medio de comunicación. El respeto a esta restricción temporal de uso no les impide elaborar, transmitir o componer esos textos, siempre que se aseguren que no aparecerán publicados antes de la fecha u hora de expiración del embargo.

Comprobación

Todos los hechos motivo de una investigación propia o recibida sin suficientes garantías de autenticidad deberán comprobarse antes de su publicación. Los aspectos particularmente delicados o conflictivos deberán contrastarse en más de una fuente antes de aceptar su verosimilitud.

A cada fuente utilizada en el proceso de comprobación sólo se someterán los hechos, citas o aspectos parciales que se desee verificar. En ningún caso se les entregará ni leerá el texto completo definitivo destinado a publicarse.

Los redactores conservarán sus notas, grabaciones —si las hubiera— y listas de fuentes utilizadas en sus investigaciones hasta transcurrido un tiempo prudencial después de la publicación de la correspondiente información.

Los datos históricos, cifras, fechas y grafías de nombres extranjeros, así como las citas o referencias de cuya vigencia o exactitud se dude, podrán comprobarse mediante consulta al Servicio de Documentación.

Documentación

Toda información que lo precise deberá enriquecerse con elementos documentales que contribuyan a una mejor comprensión de sus antecedentes o la enmarquen en una perspectiva más amplia que permita valorar mejor su importancia.

Los elementos documentales podrán intercalarse en el contexto de la noticia o bien en un cuerpo separado en forma de **cronologías**, **biografías**, **informes**, etcétera, en cuyo caso se mencionará su procedencia documental.

Rectificaciones

Todo error cometido en una información, que pueda inducir a confusión o malentendido, deberá rectificarse inmediatamente, por medio de una «fe de errores» que será sometida por el responsable del error al jefe de Sección respectivo para su publicación.

Asimismo, las erratas tipográficas deslizadas en el proceso de foto-composición deberán susbsanarse mediante una «fe de erratas», siempre que alteren el sentido de una frase, impidan su correcta comprensión o induzcan a interpretación errónea. Se rectificarán especialmente los nombres de personas transcritos incorrectamente.

Las peticiones ajenas de rectificación se considerarán con la máxima cortesía y ponderación, y se publicarán siempre que resulten justificadas. Los casos dudosos, desproporcionados o abusivos serán sometidos a la Asesoría jurídica del periódico para su dictamen.

Tanto las «fe de errores» como las «fe de erratas» tienen su acomodo, en este orden, al final de la página de Cartas al director.

Presentación de originales

Titulares

Todos los títulos ocuparán dos líneas, excepto en los siguientes casos:

- Los de una columna de tres, en primera página de tipografía, abriendo columna, podrán ocupar tres líneas.
- Los de una columna de cuatro, que podrán ocupar tres líneas.
- Los de recuadros de primera página de tipografía, cuando se sitúen en la parte superior de la página, que podrán ocupar tres líneas.
- Los de reportajes de páginas centrales o de relevancia análoga, que podrán ocupar hasta dos páginas de anchura, en una sóla línea subrayada.

Todos los títulos se compondrán en minúsculas, excepto los de portada, «tribunas», editoriales y recuadros o columnas de colaboración firmadas al pie, que se escribirán en mayúsculas.

Los **cortes** son títulos subordinados en la mitad inferior de la página. Pueden referirse a la información que encabeza la página o a otra distinta. En el primer caso constarán únicamente de título; en el segundo podrán tener también sumario.

Los **antetítulos** tienen como misión agrupar uno o más títulos en una misma página. Se compondrán en minúsculas encajando entre plecas para completar la anchura de la columna o columnas.

Sumarios

Existen tres clases de sumarios en ABC:

- Sumarios bajo título, que no deberán ocupar más de una línea de texto.
- Sumarios entre texto, enmarcados entre dos rayas o en un recuadro de esquinas redondeadas:

- **La Década Internacional para la Reducción de Desastres Naturales se desarrollará de 1990 a 1999**
- **Prevención y evacuación en situaciones de emergencia, principales obsesiones de los científicos**

- Sumarios de pase, precedidos de un bolo negro (deberán tener la misma altura que el título junto al que se sitúan):

- **La disuasión de las «supermultas» no ha podido contrarrestar el mal estado de nuestra red vial**
- **En la batalla murieron más de sesenta personas, la mayoría de la guardia presidencial**

Los sumarios entre texto o de pase se compondrán en bloque o en bandera. En el primer caso, la última línea irá al centro; en el segundo, al lado en que se apoye la bandera.

Data y firma

Se denomina **data** el lugar de donde procede la información, es decir, desde donde es transmitida. **Firma** es el nombre del redactor o sección que la elabora, del corresponsal que la facilita o de la Agencia o Agencias que la han suministrado.

La data se compondrá siempre en redondas y la firma a continuación en negritas, ambas en la misma línea. Al nombre del autor podrá añadírsele, en su caso, las indicaciones Enviado especial, Interino, etcétera, también en negritas.

Cuando hayan intervenido en la redacción de una información más de un redactor de la misma sección, los nombres se separarán por comas. Si pertenecieran a distintas secciones, se separarán por una barra diagonal:

Madrid. **María José Méndez, Pilar de Miguel**

Madrid. **Antonio Astorga/Jorge Semprún**

Cuando la información proceda de varias Agencias, sus nombres, en orden alfabético, se separarán por comas:

Dahran. **Afp, Ap. Efe, Reuter, Upi**

Cuando una información se haya elaborado con crónicas de procedencias distintas, las datas respectivas se separarán por barra diagonal:

Berlín. **Juan Ignacio Cuesta**/Moscú. **Alberto Sotillos**

Los **sueltos** o noticias cortas indicarán la data pero no precisan firma si proceden de fuentes propias.

Si un mismo día se incluye más de una crónica o información del mismo autor, la que se publique en primer término, según el orden de páginas del periódico, o en página impar, o en parte superior de la página, ostentará el nombre completo; la segunda se firmará con iniciales.

Los **mosaicos** (El mundo en la mano, Puntos de interés, etc.) encabezados por cartelas y compuestos por noticias breves de distintas procedencias, se firmarán al principio.

Firma exenta

La firma sólo figurará al pie del texto, exenta, en los casos de reportajes en páginas centrales y en los artículos de colaboración. En ambos casos el nombre se escribirá en minúsculas y los apellidos en mayúsculas, en negritas y en el cuerpo general de composición, separado con un cuadratín ciego del margen derecho de la columna.

En las «tribunas» la firma aparecerá inmediatamente debajo del título (excepto en la «tercera»); en los demás casos (recuadros, grandes reportajes, centrales) irá al final.

Si se ha de señalar algún cargo o título del firmante, se anotará debajo de la firma y en cursivas: *De la Real Academia Española, Ministro de Transportes*, etc.

Entradilla

La entradilla equivale al **lead** de la noticia. Debe resumir sus aspectos sustanciales y contener todos los elementos tradicionales que configuran una noticia. También deberá desarrollar lo que se anticipa en título y sumario.

Toda información o crónica titulada a dos o más columnas deberá contener entradilla, que se compondrá en negritas, al mismo ancho que el título. La primera línea de la entradilla no se sangrará y la última siempre será llena.

Si el título ocupa toda la página, la entradilla podrá dividirse en dos bloques de media página de anchura cada uno e igual número de líneas. El primer bloque incluirá la línea de data y firma, si existiese.

La extensión de la entradilla no será inferior a cinco líneas ni superior a seis. En los cortes deberá tener cuatro líneas como mínimo. Las únicas excepciones, en su caso, serán la primera página de tipografía, las centrales y algunos reportajes que lo exijan por su confección peculiar.

Cuerpo de la información

La primera línea de cada párrafo se sangrará con un cuadratín (al contrario que la entradilla).

Se evitarán los párrafos excesivamente largos (más de quince líneas) y los menores de tres líneas.

Se evitará asimismo el abuso y arbitrariedad en el empleo de los tipos de letra cursiva y negrita. Para ello se tendrán en cuenta las normas contenidas en los epígrafes respectivos de este Manual.

Ladillos

Los ladillos tienen como función otorgar amenidad visual a un texto largo, facilitar su lectura y estructurar el contenido.

Cada ladillo se referirá siempre a hechos o datos citados en el párrafo que le sigue inmediatamente, no en uno anterior. Separarán como mínimo tres párrafos de información.

Ningún ladillo tendrá más de una línea de extensión.

Sueltos

Se denomina *suelto* a toda información titulada a una columna y que no ocupa verticalmente toda la altura de la página. Para su presentación rigen las mismas normas que para los títulos a una columna.

Cuñas

Las *cuñas* son noticias breves sin título, precedidas de un cuadradito (□), que calzan otra información, generalmente un suelto, con la que no guarda relación directa. El cuadradito no irá sangrado y entre éste y el texto se dejará medio cuadratín de blanco. Las primeras palabras de la cuña deberán componerse en negritas:

□ **Sentencia de Demetrio Madrid.** El presidente del Tribunal Superior de Justicia de Castilla y León, Antonio Nadal, leerá públicamente hoy la sentencia del juicio contra el ex presidente del Gobierno autónomo, el socialista Demetrio Madrid, quien ha sido juzgado por un presunto delito social, informa nuestro corresponsal Luis Jaramillo.

Mosaicos

Los *mosaicos* son columnas o sueltos formados por noticias breves de distinta procedencia y generalmente sin más relación que la que justifica su agrupación en una determinada sección del diario.

Suelen ir encabezadas por una cartela (*Puntos de interés, El mundo en la mano, En el parqué, Deportes en breve*, etc.) y cada noticia comenzará por un bolo no sangrado (●); entre éste y el texto se dejará medio cuadratín de blanco. Las primeras palabras de cada noticia se compondrán en negritas:

> ● **Cáritas entregará mañana los quince mil juguetes** ofrecidos por la empresa Mattel a diversos centros españoles que destinan sus esfuerzos a la atención de familias necesitadas, dentro de la campaña «cada niño un juguete», para que ningún niño quede el día de Reyes con las manos vacías.

Enumeraciones

Las *enumeraciones, cronologías* o *resúmenes* de la semana se compondrán precedidas por un bolo sangrado. Entre el bolo y el texto se dejará medio cuadratín de blanco. Las primeras palabras que le sigan pueden componerse en negritas o redonda, según convenga:

> ● **27 de diciembre:** el Tribunal Supremo Electoral panameño proclama presidente del país a Guillermo Endara. El Vaticano y EE. UU. no llegan a un acuerdo sobre la entrega del general.
> ● **29 de diciembre:** la Santa Sede concede «asilo político temporal» a Noriega para evitar el asalto de las fuerzas norteamericanas a la Nunciatura.

Introducciones

Se consideran introducciones los preámbulos o frases introductorias de textos ajenos reproducidos íntegramente. Se compondrán en tipo cursiva y sangrando todas sus líneas:

> *Ante las acusaciones vertidas por el bailaor El Güito en la reciente entrevista concedida a ABC, el coordinador musical del Ayuntamiento de Madrid nos dirige estas puntualizaciones:*

(El texto introducido se compondrá a continuación en redondas, sin sangrar, a la medida normal de la columna.)

Recuadros

Se recuadrarán todas aquellas informaciones que se desee destacar visualmente, tanto si tienen autonomía propia dentro de la página como si guardan relación con la información en que se inscriben.

En el primer caso se titularán como corresponda a una información de la misma anchura. En el segundo, el título ocupará únicamente una línea.

También se compondrán en recuadro ciertas colaboraciones firmadas, minieditoriales y cuadros estadísticos, fichas técnicas y de clasificación, tablas de resultados y resúmenes argumentales de películas.

Los recuadros pueden ser de raya fina, de raya negra o de doble hilo. En determinados casos pueden llevar antetítulo engatillado, ir abiertos por arriba (al centro, a un tercio de su anchura), abiertos por debajo o tener esquinas redondeadas.

Fichas

La *ficha* consiste en un bloque de datos prácticos que encabeza a menudo críticas taurinas, de cine, teatro, fútbol, etcétera, y que resume los datos básicos del espectáculo en cuestión, sus resultados escuetos o una breve reseña argumental.

Se componen en recuadro y en cuerpo menor que el general del periódico. Carecen de título y las primeras palabras se componen en negritas:

Ficha de la corrida

Plaza de toros de Colmenar Viejo. Jueves 30 de agosto de 1990. Tres cuartos de entrada. Tres toros de Antonio Gavira, en primero, quinto y sexto lugares, y tres de La Cardenilla, los restantes. Discretos de presentación y, salvo el sexto, muy deslucidos. El cuarto fue condenado a banderillas negras.

José Mari Manzanares, de rosa y oro. Cuatro pinchazos, media estocada y descabello (pitos). Mató al cuarto de una fea estocada (pitos).

Joselito, de verde botella y oro. Estocada (leves palmas). En el quinto, pinchazo y media estocada desprendida (pitos).

Fernando Cepeda, de verde manzana y oro. Estocada y doce descabellos (aviso, silencio). En el sexto, estocada (oreja y vuelta al ruedo).

Picaron con eficacia los hermanos Paco y Alfonso Barroso y Juan Mari García. En la brega destacó Martín Recio, que también pareó con brillantez, al igual que Villita y Pedro García.

Pies de fotos

Los pies de fotografías deberán incluir los elementos sustanciales de la noticia, incluso cuando anticipen informaciones insertas en páginas interiores. Tampoco renunciarán a las virtudes de concisión, amenidad e intención. En ningún caso describirán aspectos de la imagen que resulten obvios para el lector.

No se omitirá, cuando proceda, la remisión a la página o sección del diario donde se desarrolle la información que la fotografía anticipa con su fuerza expresiva y su emplazamiento provilegiado.

Todos los pies de fotografía del primer cuerpo del periódico irán encabezados por un título breve, en caja baja. Los pies se compondrán en bloque (debajo de la foto) o en bandera (al lado).

Llamadas y remisiones

La fórmula de remisión será escueta e impersonal: *Editorial e información en páginas interiores*, o *Sección de Espectáculos,* o, sencillamente, **(Pág. 24)**, en negritas y exento, en el escaparate o primera página informativa.

Bolos

Los bolos (●) se utilizan en los siguientes casos:

— Al comienzo de noticias breves sin título, que calzan otra información con la que guardan alguna relación, aunque remota, o en **mosaicos**, sucesión de noticias breves de una misma sección («Puntos de interés», «El mundo en la mano», etc.). Las primeras palabras del texto deberán componerse en negritas. El bolo no irá sangrado y entre el bolo y el texto se dejará medio cuadratín de blanco.

— En **enumeraciones**, **cronologías**, **resúmenes** de la semana, sustituyendo al guión inicial de cada párrafo. Las primeras palabras que le siguen pueden componerse o no en negritas, según convenga. El bolo irá sangrado y entre el bolo y el texto se dejará medio cuadratín de blanco.

— En sumarios de pase. El bolo no se sangrará, pero sí las líneas consecutivas del mismo sumario (véase **Sumarios**). Entre el bolo y el texto se dejará medio cuadratín de blanco.

Cuadraditos

El cuadradito hueco (□) encabeza una **cuña**, noticia sin título que calza otra información con la que no guarda relación directa, salvo su pertenencia a la misma sección. Las primeras palabras del texto deberán componerse en negritas. El cuadradito no irá sangrado y entre éste y el comienzo del texto se dejará medio cuadratín de blanco.

Cartelas

Son recuadros al ancho de una o dos columnas y un centímetro de altura que se anteponen a determinadas colaboraciones o secciones informativas habituales. Deben contener como máximo una línea de título.

Las cartelas de portadilla son los **folios** recuadrados con que se abre la portadilla o primera página de una sección. Incluyen la fecha y el nombre de la sección, en versales, y el número de la páginas.

Cintillos

Son antetítulos unificadores de varios titulares dentro de una misma sección, en una o más páginas. Suelen consistir en una palabra o frase corta, escritas en minúscula y negrita. Van engatillados en una raya que completa por ambos lados el ancho de la página o del espacio reservado.

Folios

Es la línea superior de la página. Incluye el nombre del periódico, la fecha, el nombre de la sección y el número de la página. Se escribe todo en mayúsculas. En las portadillas de sección, el folio va recuadrado.

Cuadratines

Se utilizará un cuadratín ciego para sangrar todos los comienzos de párrafo que lo precisen (véase **Sangrado**). El medio cuadratín se utilizará para separar del texto que les sigan los bolos, cuadraditos, guiones u otras señales con que se inicie un párrafo en una sucesión enumerativa.

Cursivas

Únicamente se escribirán en cursivas:

- toda frase, palabra o expresión en idioma extranjero o vernáculo español, excepto los nombres propios;
- los cargos o títulos de los autores de artículos y tribunas, debajo de la firma o del pie de la cabecita.
- Las remisiones de página al pie de la información: *(Pasa a la pág. siguiente); (Pasa a la pág. XX).* (En las páginas gráficas y en la primera de texto, las remisiones se compondrán en redondas.)

Negritas

Se escribirán en negritas:

- las entradillas de crónicas, informaciones y críticas;
- los minieditoriales;
- el nombre del autor o agencia en la **data**;
- la firma exenta de artículos y colaboraciones;
- el nombre y apellidos de los firmantes de las «Cartas al Director»;
- las remisiones de página al pie de las informaciones de la primera página de texto: **(Página 25), (Pág. 79, «ABC, Diario de Economía»)**;
- la palabra o conjunto de palabras con que se inicia un suelto, breve o cuña precedido de **bolo** o **cuadradito**;
- en determinadas informaciones de carácter social o deportivo, los nombres propios que se deseen destacar, la primera vez que se citen;
- los pies de fotos, dibujos y cabecitas en páginas de texto.

Sangrados

Se sangrarán con un cuadratín todos los comienzos de párrafo excepto las entradillas en negritas y los textos que se inician con capitular. No se sangran las líneas en los cuadros estadísticos, de temperaturas, cotizaciones de Bolsa, etcétera.

Versos

Cuando se desee reproducir un verso exento, éste se compondrá en cursivas y se justificará al centro de la columna, tomando como guía la línea más larga y alineando con ella de entrada todas las restantes. La primera línea de cada estrofa se sangrará con un cuadratín. Cuando en una poesía se repitan una o varias líneas de una estrofa, a modo de estribillo, éstas se compondrán en redondas.

Si un verso largo no cupiese en una línea, se doblará el sobrante a la línea posterior, precedido de un corchete de apertura ([ ) y justificando de salida. Si se omitieran uno o varios versos o estrofas se sustituirán por una línea de puntos a la medida de la línea más larga:

> *Al antro de mis nieblas perennales,*
> *Llega una voz, mi voz, mi fatalismo...*
> *¿Quién evoca mis sueños terrenales?*
> *¿Quién usurpa mi ser?, ¿no soy yo mismo?...*
> *¿Yo soy tú?... ¿Tú eres yo?... ¿Son los*
> *[mortales*
> *Ecos de mi conciencia en el abismo,*
> *Gemido palpitante de mi entraña,*
> *Que vibra en Grecia con el son de España?...*
>
> . . . .

Si los versos van compuestos en línea, uno a continuación de otro, se abrirán comillas al comienzo del primer verso y se cerrarán al final del último. Cada verso se separará del siguiente por una barra diagonal, dejando medio cuadratín de blanco antes y después de la misma. Las omisiones o cortes se marcarán con puntos suspensivos entre corchetes:

> *«Madre, yo al oro me humillo, / él es*
> *mi amante y mi amado; / pues de puro*
> *enamorado, [...].»*

Blancos

Los blancos, junto al texto y las ilustraciones, son los elementos que configuran la arquitectura visual de las páginas de un periódico. ABC recomienda un respeto escrupuloso a las medidas de los blancos para garantizar la legibilidad y estética de sus páginas. Aunque la mayoría de los blancos entre los distintos bloques de la página los asigna automáticamente el sistema informatizado de fotocomposición y montaje, conviene conocer cuáles son estos espacios normalizados:

Entre folio o cintillo y título: 5 mm.
Entre título y sumario: 1,5 mm.
Entre sumario y firma: 2 mm.
Entre firma y entradilla: 1 mm.

Entre entradilla y texto: 1,5 mm.
Entre texto y ladillo: 3 mm.
Entre ladillo y texto: 1,5 mm.
Entre texto y baquetón de publicidad: 3,4 mm.
Entre ilustración y pie de foto: 2 mm.
Entre pie de foto y texto: 3,4 mm.
Entre texto y título de otra información o corte: 5 mm.
Entre título de centrales y sumarios enmarcados o recuadrados: 5 mm.

Léxico

A

a. Sobre su uso como preposición, véase página 43 de Observaciones gramaticales. Debe evitarse la construcción galicista «a + infinitivo» como complemento de un nombre: *pautas a seguir, faltas a penalizar, tarea a realizar*. Escríbase *pautas que hay que seguir, faltas que se deben penalizar, tarea que es preciso realizar*. También son galicismos sintácticos expresiones como *cocina a gas, avión a reacción*, etc. Lo correcto es sustituir *a* por *de*. La construcción *a por*, condenada por la RAE, sólo se utilizará para deshacer ambigüedades.

a base de. Se usa para indicar que una cosa es el fundamento de otra: *tratamiento a base de antibióticos*. No es lo mismo que *a fuerza de*. No usar nunca *a base de bien*, sino *muy bueno, muy bien hecho, mucho*.

abdicar, dimitir. Vigílese el empleo de estos verbos. Un soberano (rey, emperador, pontífice, príncipe) no puede *dimitir*, sólo *abdicar* o *renunciar* a su dignidad, no a su cargo: *el rey abdica la corona*. Por la misma razón es incorrecto escribir el *ex* rey, el *ex* príncipe.

abertura, apertura. No confundir *abertura* (concreto: abrir, abrirse, grieta, agujero) con *apertura* (abstracto: inauguración, comienzo). Son términos sinónimos cuando *apertura* se usa en sentido metafórico: *apertura a nuevas ideas*.

abigarrado. Multicolor, heterogéneo, mezclado, compuesto de elementos diversos o inconexos. No confundir con *denso, concentrado, abarrotado, nutrido*.

abogada. Femenino de *abogado*.

abolir. Es verbo defectivo. Sólo se usan las formas que tienen *i* en la desinencia. Recuérdense los sinónimos *anular, derogar, abrogar, invalidar*.

abordar. Es anglicismo en el sentido de subir a un avión, buque o vehículo terrestre. Será preferible *subir a bordo, embarcar*.

a bordo de. Evítese *huyeron a bordo de un automóvil*. Será preferible *huyeron en un automóvil*.

abrogar. Significa *abolir, revocar*. No debe confundirse con *arrogar(se)* (atribuirse).

Academia de la Lengua. Evítese. Dígase *Real Academia Española* o *Academia Española*. Tales son sus nombres oficiales desde su fundación. De igual forma, se evitará escribir *académico de la Lengua*; bastará *académico* o *académico de la Española*. El femenino de *académico* es *académica*.

a campo través. Anglicismo que sólo es correcto cuando se refiere a campeonatos deportivos. En los demás casos, utilícese *a campo traviesa*.

acceder. Aunque aceptado por la RAE en su sentido de *tener acceso*, deberá evitarse su uso con el significado de *llegar a, entrar, alcanzar, ascender*.

accesible. Véase *asequible*.

accésit. Plural *los accésit*.

accidente, incidente. Aunque ambas palabras tienen muchas notas en común, no todo *incidente* o suceso imprevisto tiene por qué ser un *accidente* o hecho desgraciado. Tener un viaje *lleno de incidentes* no equivale a tenerlo *lleno de accidentes*.

acento (poner el). Galicismo. Escríbase: *hacer hincapié, recalcar, poner de relieve, destacar, resaltar*.

acerbo, acervo. El primero es adjetivo y significa *cruel, amargo*; no confundirlo con el sustantivo *acervo* (montón).

acompañado de. Escríbase *acompañado por* cuando se refiera al mundo de la música.

acordar. Es galicismo cuando se emplea con las acepciones de *conceder, otorgar, poner a otros de acuerdo*.

acreditación. Escríbase *credencial*.

actitud. No debe confundirse con *aptitud*.

actualmente en vigor. Expresión redundante. Si algo está vigente, lo está ahora, en la actualidad.

acudir. Significa *ir uno al sitio donde le conviene o es llamado, ir o asistir con frecuencia a alguna parte, ir en socorro de alguno*. No deberá usarse como sinónimo de *estar, ir, llegar*.

a cuenta de. La forma correcta es *por cuenta de*.

adecua. No debe escribirse *adecúa*. Se conjuga, en cuanto al acento, como *averiguar*.

adentro. Empléese con verbos de movimiento (entraron *adentro*); con los demás verbos, úsese *dentro* (están *dentro*). Con verbos de movimiento puede usarse *dentro*, precedido de las preposiciones *para* o *hacia* (entraron *para* o *hacia dentro*).

adicción. Es la condición de adicto a las drogas. No deberá confundirse con *adición* (suma).

adolecer. Padecer una enfermedad, un defecto, pasión o vicio. No es, por tanto, sinónimo de *carecer*. Nada ni nadie puede adolecer de cosas o cualidades positivas, porque éstas no constituyen un mal o una enfermedad. No es posible adolecer de rigor ni de escuelas, sino de ausencia o escasez de rigor o escuelas.

adonde. Se escribe así cuando se expresa el antecedente: «es a Atenas *adonde* viajamos». Y *a donde*, si el antecedente no se expresa: «nos dirigimos *a donde* nos informaron». Si tiene valor interrogativo, siempre *adónde*: «Pero ¿*adónde* fueron?»

a escala de. En la mayoría de las

ocasiones esta locución resulta inútil. En lugar de «crisis económica *a escala* internacional», bastará «crisis económica internacional».

a falta de. Evítese este giro en casos como «*a falta de* unos minutos...*»; escríbase «*cuando faltan* o *faltaban* unos minutos...*».

affaire. Escríbase *asunto, caso, cuestión, incidente, relación, negocio, escándalo.*

afrontar, confrontar. No son sinónimos. *Confrontar* es cotejar. No se puede hablar de *confrontación bélica.*

a fuerza de. Intensifica la acción expresada por el verbo: *lo consiguió a fuerza de insistir.* O realza lo designado por un sustantivo que sigue a esta locución: *lo redujeron a fuerza de golpes.*

agencia. Es anglicismo utilizarlo en el sentido de organismo, institución o dependencia de un Gobierno. Sustitúyase por organización, organismo. Se acepta C.I.A. debido a su uso generalizado.

aglutinar. Unir o pegar una cosa con otra. La Academia no lo admite como sinónimo de *reunir, conjugar.*

agravante, atenuante. Cuando es adjetivo, puede ser masculino *(el hecho agravante)* o femenino *(la circunstancia atenuante).* Cuando es sustantivo, es siempre femenino: *la agravante, la atenuante.*

agresivo. Que ofende, provoca o ataca. Es anglicismo como sinónimo de *activo, dinámico, audaz, intenso, emprendedor, lleno de iniciativas...*

a grosso modo. Lo correcto es *grosso modo.*

a la mayor brevedad. Escríbase *con la mayor brevedad.*

alauí. El adjetivo inherente a la dinastía reinante en Marruecos es *alauí,* no alauita. El plural es *alauíes.* Debe escribirse *soberano alauí,* pero *gobierno marroquí, ciudadanos marroquíes.*

álbum. Plural *álbumes.* No deberá usarse como sinónimo de *elepé,* puesto que un álbum de discos está compuesto de varios elepés.

aleatorio. Significa *fortuito, dependiente del azar* y no *discutible, relativo.*

alimentario, alimenticio. No son sinónimos. *Alimenticio* significa *nutritivo* y *alimentario* es todo lo relativo a la alimentación.

al objeto de. Lo correcto es *con objeto de.*

alocución. Es un discurso breve, dirigido por un superior a sus inferiores, secuaces o súbditos. Es incorrecto, pues, escribir que «el diputado, en su *alocución,* pidió a los parlamentarios...».

a lo largo de. Equivale a *durante.* Pero evítense frases como «*a lo largo de* su breve intervención...» o «lo aplaudieron *a lo largo de* un minuto».

al respecto de. Escríbase *respecto de* o *respecto a.*

alto el fuego. Cuando es fruto de un pacto, escríbase *tregua.*

alto secreto («top secret»). Anglicismo por *absolutamente secreto, rigurosamente secreto, secretísimo.*

amateur. Escríbase *aficionado, no profesional.*

ambos sexos. Evítese esta expresión antinatural. Dígase: *de uno y otro sexo.*

América, americano. Refiriéndose a los Estados Unidos y sus habitantes, escríbase siempre *Norteamérica* (aunque incluye también a México y Canadá) o *Estados Unidos* y *norteamericano* o *estadounidense*.

amnistía, indulto. No conviene confundir estos dos términos. *Amnistía* es el perdón colectivo de ciertos delitos, otorgado por ley. *Indulto* es la condonación total o parcial de una pena a un condenado.

analítica. Escríbase *análisis, conjunto de análisis seriados*. Seguramente, este adjetivo procede, por economía, de *prueba o exploración analítica*.

anatemizar. Es italianismo. Escríbase *anatematizar*.

ancestro. Se preferirá el castellanísimo *antepasado*. Se recuerda que *ancestral* significa *atávico*.

anglicismo, anglicanismo. No confundir las palabras o giros del inglés empleados en otra lengua con el conjunto de las doctrinas de la religión reformada predominante en Inglaterra.

animosidad. Es *aversión, odio, ojeriza*. No es sinónimo de *ánimo*.

a nivel de. Suprímase este giro prepositivo, excepto cuando hay efectivamente niveles (*a nivel del* esófago).

anteriormente a. Es solecismo inadmisible. Dígase *antes* o *con anterioridad a*.

anti. No debe unirse con guión a la palabra a que se adjunta. *Antinuclear*, no *anti-nuclear; antirrobo* no *anti-robo*.

anticipar. Es anglicismo con el significado de *prever, barruntar*.

anticonceptivo. Se prefiere el uso de esta palabra al de *contraceptivo*. Igualmente, *anticoncepción* es preferible a *contracepción*.

antidiluviano. Lo correcto es *antediluviano*.

antiguo. Que existe desde hace mucho tiempo. No equivale a *ex o anterior*.

antípoda. Dícese del que habita en un lugar de la tierra diametralmente opuesto al del que escribe. Figuradamente, significa que se contrapone totalmente a la persona o cosa en cuestión. Es siempre masculino.

aparcamiento. Mejor *estacionamiento*.

aparcar. Los proyectos de ley, las decisiones, etc., no se aparcan, *se aplazan, demoran, retienen, se dejan pendientes, se paralizan*.

aparejar. No confundirlo con *emparejar, unir*. Úsese *vincular*.

aparente. Es galicismo en la acepción de *ilustre, evidente, notorio*.

apostar. Evítese el abuso de este verbo en su acepción metafórica de *aspirar, proponer, defender, tender a*.

apreciable. Es anglicismo emplearlo como sinónimo de *considerable, cuantioso, importante, notable...*

apreciar. Es anglicismo en los sentidos de *agradecer* y *observar*.

aprender, aprehender. *Aprender* es instruirse; *aprehender* es asir. De la misma manera, *aprensión* es escrúpulo, recelo; *aprehensión* es la acción de aprehender.

árabe. Aunque en algunos sentidos se superponen, no debe confundirse árabe con musulmán, islámico o mahometano. Los árabes forman un grupo de pueblos racial, lingüística y culturalmente afines, en su mayoría mahometanos. Pero entre los mahometanos hay grupos de otras razas.

a raíz de. No es correcto su empleo con el sentido de *debido a, por causa de.* Significa *inmediatamente después de.*

árbitro. Tiene género femenino, aunque resulte sorprendente.

a resultas de. Escríbase *de resultas de, a causa de, a la espera de.*

arquitecto. Su femenino es *arquitecta.*

arrogarse, irrogarse. Es frecuente su confusión. *Arrogarse* significa «apropiarse indebidamente atribuciones o facultades». *Irrogar(se):* «tratándose de daños, causarlos, ocasionarlos».

arruinar. Es anglicismo utilizar este verbo con el sentido de *dañar, echar a perder, deteriorar.* («Se *arruinaron* sus expectativas».) *Arruinar* es causar ruina, y *ruina* es el estado en que queda algo que se ha derrumbado, incendiado, etc., y también el estado de pobreza en que queda el que ha perdido sus bienes.

ascendencia. Nunca significa influencia sobre algo o alguien. Escríbase *influencia, ascendiente.*

asechanza. Significa *engaño, artificio para hacer daño a otro.* No confundirlo con *acechanza* (acecho, espionaje).

aseguración. Escríbase *afirmación, aseveración.*

asequible. Alguien o algo que puede conseguirse o adquirirse, es decir, que se puede comprar. No confundir con *accesible,* alguien o algo de fácil acceso o trato.

asesinato, homicidio. No deberán confundirse estos términos. *Homicidio* es muerte de una persona causada por otra. *Asesinato* es un homicidio premeditado.

asimismo. No lleva tilde. Se abusa demasiado de este adverbio, olvidando que existen *también, además, por otra parte,* etc.

asumir. No debe emplearse, porque es anglicismo, en vez de *adquirir, tomar, reconocer, creer, confesar:* «el incendio *asumió* grandes proporciones». Tampoco como sinónimo de *presumir, sospechar, deducir...* («Se puede *asumir* que sea una maniobra para...»), por idéntico motivo.

atentar a. Escríbase *atentar contra.*

atenuante. Véase *agravante.*

atravesar por. Es incorrecto su uso en frases como «la crisis *por la que* atraviesa el Golfo...». Debe escribirse: «la crisis *que atraviesa* el Golfo...».

a través de. Significa «por entre»: «*a través* de un cristal». Son incorrectas las frases en las que se le hace significar «por medio de», «por intermedio de», «mediante» o «por mediación de»: «el Comité Olímpico lo ha desmentido *a través del* portavoz». Tampoco significa lo mismo que *durante* o *a lo largo de.*

audiencia. Es incorrecto en la acepción de *cobrar auge.*

aun, aún. Se acentúa cuando significa *todavía:* «*aún* no han llegado». Sin acento significa *incluso:* «*aun* los tontos lo saben».

ausencia. No debe emplearse con el significado de *escasez.*

autoconfianza. Prefiérase *confianza en uno mismo.*

autodefensa. Anglicismo. En castellano se dice *defensa propia.*

autodefinirse. El verbo *definirse* es reflexivo y, por tanto, no necesita el prefijo *auto,* como ningún verbo reflexivo.

autodidacta. Este adjetivo tiene también género masculino: *autodidacto.*

autoescuela. Se escribe sin guión.

autoestop, autoestopismo, autoestopista. Utilícense estas palabras sin comillas.

automación. Empléese *automatización.*

automotriz. Es el femenino de *automotor.*

autoría. Aunque está aceptado, muchas veces puede evitarse. En vez de «se atribuyó la *autoría* del crimen», bastará «se atribuyó el crimen».

autosuficiente. La mayoría de las veces bastará con *suficiente.*

azteca. No deberá usarse para referirse a México o a los mexicanos en general. No es vocablo gentilicio. Dícese del individuo de un pueblo invasor y dominante del territorio de México.

B

bajo. Es incorrecto en frases como: «*bajo* la ley que establece la prohibición de...». Escríbase «por la ley que establece...» (o *según, de acuerdo con, de conformidad con, conforme a, a tenor de*).

bajo el prisma de. Escríbase *a través del prisma de.*

bajo el punto de vista. Lo correcto es *desde el punto de vista.*

bajo la base. Escríbase *sobre la base.*

balance. *Hacer balance* implica dar cuenta del activo y del pasivo. No es correcto escribir: «cuatro mil muertos es el *balance* de víctimas del terremoto»; habría que decir cuántas personas no han muerto. Es preferible *saldo*; pero muy feo. Mejor no usar ninguna de estas dos palabras, salvo en sus propias acepciones («los muertos a causa del terremoto fueron cuatro mil»).

balbucir. No se usa en la primera persona singular del presente de indicativo, ni en todo el presente de subjuntivo. Tales formas se suplen con las del verbo *balbucear.*

ballet. Escríbase en cursivas. Plural: *ballets.*

barajar. El significado de este verbo exige un complemento plural: no se puede *barajar una posibilidad.*

baremo. Recuérdese que existen *medida, criterio.*

base a (en). Véase *en base a.*

beis. Hispanícese así *beige* o empléese esta palabra francesa en cursivas.

béisbol. Escríbase con tilde ortográfica.

beligerante. No confundirlo con *intransigente*.

best-seller. Escríbase en cursivas. En castellano disponemos, además, de *éxito de ventas, más vendido*.

bianual, bienal. *Bianual* significa algo que se produce o repite dos veces al año. *Bienal* es lo que sucede cada dos años.

bilateral. Significa «relativo a las dos partes» y no «mutuo». Es redundante escribir «relaciones *bilaterales* hispanofrancesas». Serían *bilaterales* las relaciones de España y Francia con Marruecos.

billón. Téngase en cuenta que el *billion* norteamericano equivale a mil millones, lo mismo que el francés *milliard*. En Inglaterra, Francia, Alemania e Italia posee el mismo valor que en España: un millón de millones.

bimensual, bimestral. *Bimensual* es lo que ocurre o se repite dos veces al mes; *bimestral*, lo que sucede cada dos meses.

bíter. Así ha adaptado la Academia el inglés *bitter*.

bizarro. Significa *valiente, gallardo*; la acepción *extravagante* es galicista.

blackout. Tradúzcase por *bloqueo informativo*, o por *oscurecimiento* (por razones militares o cuando se deja una zona sin que lleguen a ella las imágenes de televisión).

bluff. Escríbase en cursivas.

boicot, embargo. Un *boicot* es la negativa organizada a comprar un producto o servicio o privar a una persona o entidad de toda relación, para obligar a ceder en algo que se exige o en señal de repudio. Un *embargo* es una restricción legal impuesta contra el comercio de un país, que prohíbe la entrada o salida de productos de esa nación.

boicoteo. Acción de boicotear. Pueden usarse indistintamente *boicot* y *boicoteo*, aunque la Academia prefiere *boicoteo*.

boom. Escríbase en cursiva. Recuérdese la existencia de *auge repentino, eclosión, explosión de popularidad, prosperidad repentina, apogeo, furor, moda*.

boxes. En crónicas de hípica, tradúzcase por *cuadras*; en informaciones de motor, por *talleres, casetas de mantenimiento*.

boxístico. Es aceptable.

brevedad (con la mayor). Es incorrecto decir *a la mayor brevedad*.

breves minutos. Parece absurdo hablar de *breves minutos* cuando éstos tienen siempre la misma duración. Es preferible decir *unos pocos minutos* o, simplemente, *unos minutos*.

bricolaje, bricolar. Empléense aunque no figuren en el Diccionario de la R. A. E. No *bricolage*.

broker. El concepto técnico es «intermediario sin tomar posiciones por cuenta propia, o intermediario sin riesgo». Escríbase en cursiva y explíquese su significado.

buffet. La Academia la ha hispanizado como *bufé*.

bulevar. Escríbase así y no *boulevard*.

bumerán. Forma castellana de *boomerang*. Plural *bumeranes*.

bungalow. Escríbase en cursivas.

búnker. Úsese sin comillas.

buró. Como término político, sustitúyase por *comité, comisión, secretaría, secretariado.*

buscar (+infinitivo). No debe usarse con el sentido de *pretender, aspirar a, tratar de,* por ser una construcción galicista.

C

cacto. Aunque está mucho más extendida la forma *cactus* (con plural invariable), se prefiere *cacto* (plural *cactos*).

caddie o **caddy.** Escríbase cadi.

cadena. Del francés «*chaîne*». «Se había comprado en las rebajas una *cadena* estéreo». Llámese *equipo* o *columna estereofónica.*

calculador. Que calcula. Es galicismo cuando se usa con el significado de *egoísta, interesado.*

calentar. Es verbo transitivo. Los deportistas realizan ejercicios de precalentamiento, pero no calientan, *se calientan*, aunque parezca sorprendente.

caligrafía. Es incorrecto emplear esta palabra para referirse al tipo de letra peculiar de una persona. Debe decirse *letra* o *escritura.*

caló, calé. No confundir el lenguaje de los gitanos *(caló)* con el gitano de raza *(calé).*

calle. Escríbase la preposición *de* a continuación: *calle de Serrano.* La omisión de esta preposición sólo es posible cuando el nombre de la calle o plaza es un adjetivo: *calle Real.*

cameraman. Empléese *el camarógrafo*, y, si es mujer, *la camarógrafa.* Es también aceptable, para varones, *el cámara.*

camping. Escríbase en cursivas.

camuflar. Úsese sólo en el sentido de *ocultar un vehículo, arma, prenda o cualquier objetivo militar.* En los demás casos, escríbase *disfrazar, escurrir, enmascarar, encubrir.*

canciller. Puede usarse para denominar a ministros de Asuntos Exteriores, excepto en España. En Alemania y Austria es el jefe del Gobierno. Además, se designan así ciertas dignidades académicas y empleados de Embajadas, Legaciones y Consulados.

captores. Es anglicismo usar esta palabra en lugar de *secuestradores.*

cara a. Véase *de cara a.*

cargar. Sólo puede referirse a cosas, mercancías o animales. «Un avión *cargado* de pasajeros» es incorrecto. Si lo que se quiere decir es que lleva muchos pasajeros, lo correcto sería «*repleto* de pasajeros».

caries. No existe el singular *carie.* El verbo correspondiente es *cariar.*

carioca. No es equivalente a *brasileño. Carioca* es el gentilicio de la ciudad de Río de Janeiro.

carnet. La Academia ha aceptado *carné.* Plural *carnés.*

carrusel. Así se ha hispanizado el francés *carrousel.*

cartel, cártel. Acentúese este vocablo en su acepción de «convenio entre fabricantes para establecer condiciones determinadas de venta». Incluso en sentido figurado: «el *cártel* de Medellín».

casete. Adaptación por la Academia del francés e inglés *cassette*. Es voz femenina en la acepción «cajita de plástico que contiene una cinta magnetofónica»; y masculina cuando significa magnetófono de *casetes*».

cash flow. Tradúzcase por *liquidez*, *efectivo* o *fondos generados* si no hay duda; si no, déjese en cursivas.

castaño. Empléese con lo que es (o pretende ser) natural: pelo *castaño*, ojos *castaños*. Con los objetos debidos a una manipulación, es mejor usar *marrón*: traje *marrón*, zapatos *marrones*, etcétera.

castellano. Sinónimo de *español* cuando nos referimos al idioma. Somos *hispanohablantes*, no *hispanoparlantes*.

Cataluña. Escribiendo en castellano, no se empleará *Catalunya*.

catedrática. Es el femenino de catedrático.

caza-bombardero. Escríbase sin guión: *cazabombardero*.

celebrar. No debe confundirse con *conmemorar*: «los berlineses *celebraron* con manifestaciones el aniversario de la destrucción del muro».

cenit. Es palabra aguda y, por tanto, no se acentúa.

centrarse (en torno a). Escríbase *girar en torno a*.

cerca de. Evítese el utilizar este giro preposicional como sustituto de *ante*: «el embajador *cerca de* la Santa Sede».

certamen. Concurso abierto para estimular con premios determinadas actividades o competiciones. No deberá usarse como sinónimo de *exposición, exhibición*.

cesar (a alguien). Este verbo es intransitivo; no se puede, pues, *cesar* a nadie: será él quien cese. Devolvamos su uso a *destituir* (u *ordenar el cese de*). Si se abandona el cargo por voluntad propia o por circunstancias que no dependan de una autoridad, sí es correcto escribir: «*Fulano ha cesado en su cargo*».

cese. Es sólo el que se produce por destitución, dimisión, despido, etc., de personas. Por tanto, no puede decirse: «el *cese* de las hostilidades», etc. Utilícese *cesación, conclusión, suspensión, término, final, tregua*, etcétera.

ciclón. Véase huracán.

ciudadanía. No usar en el sentido de *conjunto de ciudadanos*. Se refiere a la calidad y derecho de ciudadano.

ciudades (género). Cuando el topónimo acaba en *a* átona concuerda con *toda*: «toda Barcelona». Cuando el topónimo no acaba en *a* átona, concuerda con *todo*: «todo Madrid, todo Bogotá». Acéptese esta regla general con cierta flexibilidad.

clarificar. Es verbo correcto; pero es preferible el más sencillo *aclarar*.

clasificado, a. *Materia clasificada* es anglicismo innecesario por *materia reservada* o *secreta*. Sin embargo, es correcto escribir: «el Gobierno acuerda calificar como *materia re-*

servada determinadas informaciones».

clasificar. En la jerga deportiva se usa incorrectamente este verbo en lugar de *clasificarse:* «... Arancha *clasificó* para las semifinales».

clienta. Es el femenino de *cliente.*

climatología. Es una ciencia. Por ello, no puede ser favorable o adversa. El culpable de nuestros sofocos o tiritones es el *clima,* no la *climatología.*

club. Plural *clubes.*

cock-tail. Escríbase *cóctel* (plural, *cócteles*).

coligarse. No *coaligarse.*

colisionar. Puede usarse, pero sin olvidar la existencia de *chocar.*

comandar. Verbo aplicable sólo a cuestiones militares.

comando. No usar esta apropiación del lenguaje militar por parte de los grupos terroristas para referirse a ellos. Sustitúyase por *grupo.*

comisión, comité. Se preferirá *comisión* para describir a un grupo encargado de entender en un asunto específico, reservando el término *comité* para los referidos a los partidos políticos, o para las entidades que lo utilicen en su denominación, como el Comité Olímpico Internacional.

como. Vigílese su empleo innecesario: «se habla de este proyecto *como* atribuido a...» («se atribuye este proyecto a...»). Evítese el uso atenuador de la identificación: «es como muy...». Es anglicismo con el significado de *en el papel de:* «Warren Beatty *como* Dick Tracy».

compás de espera. Metáfora que debe evitarse debido a su abuso. Se refiere al silencio que dura todo el tiempo de un compás musical.

compensación. No es sinónimo de *retribución, sueldo, salario* o *recompensa.*

competencia. No debe usarse en la acepción de *competición.*

competer. Significa *pertenecer, corresponder, incumbir,* y su conjugación es regular. No confundirlo con *competir: (contender, rivalizar),* que es irregular. (Se conjuga como vestir.)

complot. La Academia ha admitido *compló* (plural: *complós*). Existen, también, *conjura, intriga, conspiración, confabulación.*

comportar. Al igual que *conllevar,* significa *llevar juntamente con otro alguna cosa* y *sufrir, tolerar.* Es, por tanto, incorrecto emplearlo como sinónimo de *implicar* o *acarrear:* «su dimisión *comporta* graves cambios en el Gabinete».

compromiso. No debe emplearse como sinónimo de *acuerdo, avenencia* o *arreglo:* «tal vez se llegue a un *compromiso* satisfactorio en la reunión de esta tarde».

computarizar. Escríbase *procesar los datos, informatizar.*

Comunidad Autónoma. Es un término político, no geográfico. No es propio escribir: «la Vuelta recorrerá la *Comunidad Autónoma* de Murcia». Recordemos que aún está vigente la palabra *región.*

concienciar. Evítese. En vez de «ya se han concienciado de la explotación que sufren», podría escribirse: «ya son *conscientes* de la explotación que sufren». Equivale, pues, a *hacer a alguien consciente* de algo. Las personas *concienciadas* son personas *conscientes* de su condición. Asimismo, no debe confundirse *conciencia* con *consciencia*.

concierto (en). Un cantante no actúa *en concierto*, si no predomina la ejecución musical. Da un recital.

concitar. Significa *conmover, instigar a uno contra otro, o excitar inquietudes o sanciones*. Es, por tanto, incorrecto escribir: «la nueva ley *concitó* el acuerdó de los sindicatos» (por *suscitó, mereció, promovió*, etc.).

concluir. Los acuerdos no se *concluyen*, sino que se *conciertan, pactan, ajustan, firman* o *suscriben*. *Concluir* significa *poner fin, acabar, terminar*.

concreción. No *concrección*.

concretar. Las jugadas no se *concretan* en goles, fueras de juego, etc. Ni, mucho menos, se *concretizan*. Escríbase: *se resuelven, acaban en, concluyen*.

concurrir. No significa lo mismo que *comparecer*. Es incorrecto su uso en frases como: «... no concurrió ante los periodistas».

confinar. Significa *desterrar*, no *recluir*.

confiscar, expropiar. *Confiscar* es apoderarse el Estado de bienes de particulares, sin indemnización; *expropiar* es la misma acción, pero mediante el pago de una compensación.

conformar. No es sinónimo de *formar*.

confrontar. Es anglicismo utilizar este verbo con el sentido de *hacer frente a, encararse con, enfrentarse con*. En español significa: «carear a una persona con otra; cotejar una cosa con otra, especialmente escritos». Véase *afrontar*.

congresual. Rechácese siempre este neologismo. Dígase siempre «del congreso».

conllevar. Empléese con las mismas limitaciones que *comportar*.

conque, con que. *Conque* es conjunción consecutiva: «acaba de irse, *conque* será mejor esperar». *Con que* es un sintagma formado por la preposición *con* y el pronombre relativo *que*: «son muchos los argumentos *con que* nos convenció el profesor».

consulting. Escríbase *empresa consultora*.

container. Empléese *contenedor*.

contemplar. Incorrecto en construcciones como: «la Ley *contempla* la posibilidad de...». Empléese *considerar, tener en cuenta, examinar, tratar*, etcétera.

contencioso. Anglicismo sustituible por *litigio, asunto litigioso o conflictivo*, cuando no se trata de asuntos relativos a la Administración.

contexto. No abusar de esta palabra en el sentido de *ámbito, situación, circunstancias, supuestos* y otras tantas voces posibles.

contracepción. Escríbase *anticoncepción*. En un sentido más amplio, dígase *planificación familiar*.

contra más. Escríbase *cuanto más*.

contrariar. No significa *molestar, enfadar*, sino *contradecir*.

contrasentido. Es galicismo en su empleo como *dislate, despropósito, necedad*.

con vistas a. Véase *de cara a*. Recuérdese la existencia de *para, con miras a, con la intención de*.

copia. No deberá usarse al referirse a ejemplares de un libro o de un folleto.

cornúpeto. Forma aceptada por la Academia junto a *cornúpeta*, que se preferirá.

Corona. Con mayúscula inicial cuando se refiera al Rey o a la Monarquía.

corpore insepulto. Escríbase *misa «corpore insepulto»*, no *misa «de corpore insepulto»*, pero mejor *de cuerpo insepulto* o *de cuerpo presente.*

corroborarse. No significa *ratificarse* o *reafirmarse*, como creen algunos: «el Gobierno *se corrobora* en su voluntad de mantener los buques en el Golfo». *Corroborar* significa «dar mayor fuerza a la razón, al argumento o a la opinión aducidos con nuevos raciocinios o datos».

Corte marcial o **Corte de apelaciones.** Dígase *Consejo de guerra.*

coste, costo. *Coste* es el precio en dinero que paga el comprador: «*coste* de un mueble». *Costo* se usa preferentemente para referirse al precio de fabricación o construcción: «el *costo* total del edificio».

cotidianidad. No *cotidianeidad.*

cotización. Es «la acción y efecto de cotizar». Muchos la confunden con *cuota*, escribiendo: «aumentan las *cotizaciones* de los socios del Ateneo».

cotizar. Es incorrecto su empleo en: «el dólar *cotizó* ayer a 100 pesetas». Debe emplearse la voz pasiva refleja: «el dólar *se cotizó* ayer a 100 pesetas».

coyuntural. Que depende de la coyuntura o circunstancias. No significa *marginal, especial.*

crawl. En español, natación estilo *crol* o *libre.*

credibilidad. No abusar de esta palabra como sinónimo de *crédito.*

crédito (títulos de). En el lenguaje cinematográfico, escríbase *rótulos, firmas, letreros.*

crítica. Es el femenino de *crítico* (taurino, literario, etc.).

cross. Escríbase ya en redonda, y también sus compuestos *motocross, pop-cross* (con coches), etcétera.

cuadros. Utilícese en plural como sinónimo de *altos funcionarios, dirigentes, mandos, equipo directivo,* pero recuérdese la existencia de estos sinónimos.

cual, cuál. Sin acento es pronombre o adjetivo relativo, generalmente precedido por el, la, lo, los, las: «le hizo numerosas preguntas, a *las cuales* respondió con presteza». Acentuado es pronombre, adjetivo o adverbio interrogativo: «¿*cuál* es más loco de los dos?».

cualquiera. Evítese el anglicismo «*cualquier* persona que desee donar sangre a la Cruz Roja...»; dígase «*toda persona...*»; o simplemente «*las personas que...*».

cuando, cuándo. Sin acento es adverbio relativo (o conjunción): «la catástrofe ocurrió *cuando* desembarcaban». Acentuado es adverbio interrogativo o sustantivo: «¿*cuándo* vas a venir?»; «dime el *cómo* y el *cuándo* de esta costumbre».

cuantificar. Escríbase mejor *evaluar, calcular, determinar,* en ejemplos como «No se pueden *cuantifi-*

car por el momento los daños causados por la sequía».

cuanto, cuánto. Sin acento es pronombre, adjetivo relativo o adverbio relativo: «anotaba *cuantas* novedades observaba». Acentuado es fundamentalmente pronombre o adjetivo interrogativo: «¿*cuánto* ganas?»; «he olvidado *cuánto* dinero gana».

cuestionar. Significa: «controvertir un punto dudoso, proponiendo las razones, pruebas y fundamentos de una y otra parte». Este verbo está últimamente desplazando innecesariamente a *discutir, impugnar, poner en entredicho, dudar* o *poner en duda*, etcétera.

culminar. No equivale a *terminar* o *acabar*. Significa «llegar una cosa al grado más elevado, significativo o extremado que pueda tener».

culpabilizar. No existe este verbo en castellano. Digamos siempre *culpar*.

cumbre. Resérvese esta palabra para aludir a «reuniones de muy alto nivel».

cumplir metas. Escríbase *alcanzar metas*.

cúpula. Úsese con moderación para referirse al alto mando militar. En los demás casos, evítese.

curriculum. Escríbase *currículo* (plural: *currículos*), pero manténgase la expresión latina *curriculum vitæ*.

cúspide. Véase *cúpula*.

cuyo. Pronombre relativo con exclusivo valor posesivo.

CH

chadiano o **chadí.** Se llama así al ciudadano del Chad y a lo relativo a este país.

chalet. La Academia ha admitido *chalé* (plural: *chalés*).

chándal. Plural *chándales*.

charter. Escríbase en cursivas: vuelos *charter*. Puede escribirse *vuelo alquilado*.

chef. Escríbase en cursiva para designar al *primer cocinero* de un restaurante, un hotel, etcétera.

chequeo. Sólo aceptable para significar *reconocimiento* o *revisión médica*. En los demás casos, prefiérase *verificación, revisión, comprobación*.

chií. No *chiíta*.

chinólogo. Escríbase *sinólogo*.

chip. Admítase para designar el microprocesador o pequeño circuito integrado de la memoria de un ordenador.

choque. Españolización del término inglés *shock*.

chovinismo. No escribir *chauvinismo*.

christmas, crismas. Si no es cita textual, empléese *tarjeta* o *felicitación* de Navidad.

D

dar comienzo. Empléese, preferiblemente, *comenzar, empezar, principiar.*

dar constancia. Mejor *dejar constancia.*

dar luz verde. Existen también *autorizar, permitir, dar vía libre.*

dar por finalizado. Escríbase mejor *acabar, terminar, concluir, rematar, finalizar.*

darse a la fuga. Preferible *fugarse,* aunque generalmente se emplea con el sentido de *huir.* Sólo se puede decir *se fugaron* si estaban ya en la cárcel.

darse cita. Mejor *citarse.*

de acuerdo a. Escríbase *de acuerdo con.*

de alguna manera. No usarlo de ninguna manera.

debâcle. Dígase *derrota, desastre, cataclismo, hecatombe.*

deber + infinitivo. Expresa obligación: «*debo llegar* a las cinco en punto de la tarde».

deber de + infinitivo. Indica suposición: «*debe de estar* a punto de llegar».

de cara a. Mejor úsense las preposiciones españolas *ante, para, con miras a, con vistas a.*

decidido. Es galicismo cuando se usa con el significado de *resuelto, valeroso.*

décimo. No se acentúa cuando forma palabra compuesta. No existen *decimoprimero* ni *decimosegundo.*

de corpore in sepulto. Véase *corpore insepulto.*

decretar. Resérvese este verbo para las decisiones por decreto de los gobiernos. En los demás casos se *declara* o *dispone.*

decreto-ley. Plural *decretos-leyes,* no *decretos-ley.*

de entrada. Escríbase mejor *para empezar, en primer lugar, de buen principio, al comienzo,* etcétera.

de facto. Mejor *de hecho.*

defender. Es galicismo en lugar de *obstaculizar,* en frases como: «Epi es *defendido* por Romay en una entrada a canasta».

Defensor del Pueblo. En minúsculas, cuando preceda al nombre de su titular.

déficit. Invariable para singular y plural.

definir. Los goles no se definen, ni se convierten, ni se transforman, ni se anotan, sino que *se meten* o *se marcan.*

deflagración. Según el diccionario de la R. A. E., el hecho de «arder una substancia súbitamente con llama y sin explosión». No es sinónimo de *explosión.*

de iure. Úsese separado. Mejor *de derecho, formal, oficial.*

delante mío, suyo, nuestro. Escríbase *delante de mí, de él, de nosotros.* Igual para *detrás.*

denegar. No es sinónimo de *negar.*

depauperizar. No existe. Escríbase *depauperar, empobrecer, debilitar, extenuar.*

de que. Por miedo al «dequeísmo», a menudo se suprime erróneamente la preposición *de*: «el Portavoz informó que...». Lo correcto es «informó *de que*...». Lo mismo sucede con verbos como *alegrarse, acordarse, olvidarse, estar seguro, tener duda...*.

derby. Empléese en cursivas y sólo tratando de equitación (no de fútbol y otros deportes).

derivar en. En frases como «la manifestación *derivó en* una algarada callejera», es mejor «la manifestación *desembocó en* una algarada callejera».

desapercibido. Significa «desprevenido, desprovisto de lo necesario». No es, por tanto, sinónimo de *inadvertido*.

desarrollar (lecciones, conferencias, etc.). Hablando de *lecciones*, empléense los verbos *dar* o *explicar*. Para las conferencias, *dar* o *pronunciar*.

desconvocar. Puede decirse de una huelga, una reunión, etc., cuando no ha pasado aún de ser convocada. Pero no si se ha iniciado; entonces se *suspende, revoca, cancela, interrumpe* o *anula*.

descuento (minutos de). Los minutos de descuento, en los que el juego está detenido, no se deben confundir con los *minutos compensados* o *de compensación*, que el árbitro añade al final del tiempo reglamentario de un partido.

desde. No abusar de esta preposición. Recuérdese que existe también *por*.

desestabilidad. Úsese *inestabilidad*.

deshonesto. Según el diccionario de la R. A. E., *deshonesto* es «impúdico, falto de honestidad». No debe usarse en la acepción de *falto de honradez, falso, fraudulento*,

por ser anglicismo. Véase *honesto*.

desiderátum. Plural *los desiderata*.

desmantelar. *Desmantelar* es «echar por tierra los muros y fortificaciones de una plaza». Es incorrecto decir «piden el *desmantelamiento* de las fuerzas políticas que apoyan a los terroristas». Debe decirse la *disolución*.

desmentido, mentís. *Desmentido* es correcto utilizado como participio pasivo: «el sindicato *ha desmentido* las imputaciones». Mentís es sustantivo: «el ministro ha hecho público un *mentís*.

desplegar. En lenguaje militar, utilícese sólo para referirse a tropas, no a armamento. Éste *se instala*. Se confiere un excesivo tinte épico al usar este verbo en frases como: «dos policías vascos se encontraban desplegados a ambos lados de la cueva». Estaban *apostados, situados*, pero no con la grandeza estratégica de un despliegue.

despreocupación. Galicismo en el sentido de *descuido, negligencia*.

después de que. Se emplea abusivamente en lugar de *cuando* y *tras*.

desvastar. Vulgarismo por *devastar*. No confundir con *desbastar* (quitar las partes más bastas de una cosa que se haya de labrar).

desvelar. No significa hacer público algo, sino quitar el sueño, no poder dormir y, en otra acepción, poner gran cuidado o diligencia en algo.

detectar. Recuérdense palabras a las que este verbo intenta sustituir, como *hallar, advertir, percibir, descubrir, encontrar, observar, localizar, intuir, comprobar*.

detentar. Es «retener uno sin derecho lo que manifiestamente no le pertenece». A no ser que quiera significarse eso, dígase *desempeñar, ejercer, ocupar*, etcétera.

deteriorar. Debe emplearse, preferentemente, referido a cosas materiales. Utilizado en las acepciones de *empeorar, decaer, declinar*, etc., es puro anglicismo.

detrás mío, suyo, nuestro. Escríbase *detrás de mí, de él, de nosotros*. Igual para *delante*.

dictaminar una enfermedad. Evítese esta expresión como sinónima de *diagnosticar una enfermedad*.

dictar (una lección, una conferencia). Evítese y dígase «*dar* o *explicar* una lección», «*dar* o *pronunciar* una conferencia».

diferente a. Escríbase *diferente de*.

dignatario. Cuando se trate de gobernantes o autoridades de un país, mejor *dignatario* que *mandatario*.

digresión. No *disgresión*.

dimensión. Recuérdese que existe *alcance*: «se ignoran las *dimensiones* del acuerdo».

dimisión. A una autoridad no se le pide la *dimisión* de otra subordinada, sino su *destitución*.

dimitido. Evítese en las acepciones de *dimisionario* o *dimitente*.

dimitir. Es verbo intransitivo. Nadie puede ser dimitido, ni nadie puede dimitir a nadie. *Se destituye* a alguien, *se le pide la dimisión, se le obliga a dimitir* o *se ordena su cese*, pero es ese alguien quien dimite. Véase *abdicar*.

dinamizar. Evítese. Mejor *activar, reactivar, animar, reanimar, estimular, vitalizar, promover*.

dique. Aunque aparezca escrito en los aeropuertos, es erróneo como sinónimo del metafórico *finger* inglés. Escríbase, pues, *muelle, fuelle, pasadizo, manga*....

directriz. Téngase en cuenta que es el femenino del adjetivo *director*. Es absurdo escribir: «los principios *directrices* en que se basa...».

discapacidad, discapacitado. No existen estas palabras. Escríbase *incapacidad, incapacitado, minusvalía, minusválido*.

discreción. No *discrección*.

discrecionalidad. No debe confundirse con *arbitrariedad*.

diseccionar. No figura en el Diccionario. Sí, *disección*. Escríbase *disecar, incidir*.

disgresión. Escríbase *digresión*.

diskette. Mejor *disquete* o *disco*.

disolver, dispersar. Aunque tengan un significado análogo, en *dispersar* predomina la idea de desorden (una manifestación puede *disolverse* ordenadamente). Además, se *disuelve* una manifestación, no a los manifestantes.

disparar sobre. En español debe decirse *disparar a* o *disparar contra*. La construcción *disparar sobre* es un galicismo.

distinto a. No. Es *distinto de*.

distorsionar. Debe preferirse *deformar, desvirtuar, tergiversar, retorcer, torcer, desfigurar*, etcétera.

disturbio. Es más que un alboroto; no los confundamos.

divergir. Se conjuga regularmente. Por tanto, son erróneas formas como *divirgiendo, divirgió*, etcétera.

doméstico. No equivale a *nacional, interno, propio de un país*. Es galicismo incluso referido al ciclismo.

donde, dónde. Sin acento es adverbio relativo o conjunción: «el dinero estaba *donde* lo dejaste». Acentuado es adverbio interrogativo: «¿*dónde* está el perro?».

Donosti, Donostia. Escríbase *San Sebastián*. *Donostia* es vascuence, *Donosti* es una expresión vulgar.

dopar, doping. Escríbase *drogar, drogado*.

dossier. Cuando se trata de un *dossier* oficial, sustitúyase por *expediente*, que significa lo mismo: «conjunto de papeles correspondientes a un asunto o negocio». Si no es oficial, escríbase *dossier* en cursivas. Procúrese emplearlo siempre con la forma singular: los *dossier*. Recuérdese la existencia de *informe* o, en su caso, *carpeta*.

dramáticamente. No usar este adverbio con su significado inglés de *espectacularmente, radicalmente*.

drástico. Existen, también, *severo, enérgico, radical, draconiano*.

drogadicto. Sinónimo de *toxicómano*; prefiérase éste.

dumping. Empléese siempre en la forma singular: los *dumping*.

E

echar a faltar. Debe sustituirse este catalanismo por *echar de menos*.

educacional. Anglicismo que no tiene por qué suplantar a *educativo*.

EE. UU. Si se emplea la forma *los Estados Unidos*, la concordancia ha de ser en plural. En cambio, el uso de la forma *Estados Unidos*, sin artículo, suele llevar consigo la noción de singularidad; así pues se dice: «*Estados Unidos* no forma parte de la UNESCO», y ésta debe ser la forma preferible. No emplear USA.

efectivo. No debe confundirse con *eficaz*. Como adjetivo, significa «real y verdadero», en oposición a lo quimérico. Eficaz es «activo, fervoroso, poderoso para obrar».

efectivos. Así se denominan las fuerzas militares, estimadas cuantitativamente, que se hallan en disposición de combatir. Se consideran también *efectivos*, junto con las personas, las armas y los demás medios de acción con que cuentan. No podemos, pues, utilizar esta palabra en singular para referirnos a un recluta, un *marine* o una «rata del desierto». Resulta tan ridículo como llamar orquesta a un pianista.

efeméride, efemérides. *Efeméride*, f.: es un acontecimiento que se recuerda en cualquier aniversario del mismo, o la conmemoración de dicho aniversario. No confundir con *efemérides*, f. pl.: libro o comentario en que se refieren los hechos de cada día o sucesos notables ocurridos en un mismo día de diferentes años.

eficaz. Véase *efectivo*.

eficiencia. No es lo mismo que *eficacia*. *Eficiencia* es «poder y facultad o aptitud especial para lograr un efecto determinado». *Eficacia* es «fuerza y poder para obrar, validez».

ejecutar. Es la acción de aplicar la pena de muerte cumpliendo una sentencia impuesta legalmente. Por ello, cuando grupos terroristas o revolucionarios afirman que han «ejecutado» a alguien, ese verbo, al igual que el sustantivo «ejecución», deberán entrecomillarse.

elepé, elepés. Véase *álbum*. Valdría también *disco de larga duración*.

élite. Escríbase *elite*, hispanizándola definitivamente; y, por supuesto, sin acento, para evitar la pronunciación esdrújula antietimológica. En el DRAE figura ya *elitista*.

el mismo, la misma. La Academia censura su empleo en construcciones como: «el diputado terminó el discurso y sectores de la oposición hicieron grandes elogios *del mismo*» (mejor: *de él*).

embarcación, barco, buque. Se empleará *embarcación* para describir a los barcos pequeños, y *barco* para los más grandes. *Buque* se reservará para los navíos de guerra.

embargo. Véase *boicot*.

emergencia. Conviene combatir el uso anglicista de esta palabra, que suele hacerse sinónimo de *imprevisto, peligro, urgencia, apuro, aprieto*, etcétera. Véase *emergencia, estado de*.

emergencia, estado de. Conviene distinguir las distintas medidas legales que pueden adoptarse ante situaciones de alteración de orden público: el *estado de prevención* es la primera y menos grave de las situaciones anormales reguladas por la legislación de orden público; el *estado de alarma o excepción* implica la supresión de las garantías constitucionales y se adopta ante una situación grave de alteración de orden público; el *estado de sitio* se declara ante situaciones graves, aun sin guerra, y en él la autoridad civil resigna sus funciones en la autoridad militar; por último, el *estado de guerra* es igual al anterior, pero en tiempo de guerra.

en aras de. Significa «en obsequio, en honor de». En los demás casos, empléese *para, con el fin de*.

en base a. No deberá usarse nunca este giro prepositivo. Escríbase *tomando como base, a partir de, basado en, sobre la base de, según, de acuerdo con, partiendo del principio de que*.

en calidad de. Evítese su frecuente empleo en lugar de *como*. («Acudieron al Palacio de Justicia *en calidad de* testigos».)

enclave. Significa: «territorio incluido en otro de mayor extensión con características diferentes, políticas, administrativas, lingüísticas, geográficas, etc.». No debe usarse en el sentido de *lugar, emplazamiento*, etc. «El *enclave* donde estaba situada la batería antiaérea...».

en conformidad con. Significa «con arreglo a» y no «de acuerdo con». En este caso, escríbase *de conformidad con*.

encontrar a faltar. Véase *echar a faltar*.

encontrar culpable. Sustitúyase este

anglicismo por *declarar, considerar culpable.*

encuentro. No es sinónimo de *reunión, entrevista, conversación, diálogo, debate, sesión.* No se debe escribir: «el *encuentro* entre Bush y Gorbachov duró más de lo esperado». Es correcto usar *encuentro* como sinónimo de partido en una competición deportiva, asimilado a *choque* en sentido figurado.

encuesta. Evítese su uso anglicista por *investigación* o *comisión investigadora.*

en el marco de. Vigílese su empleo abusivo en vez de *dentro de* o *en* («*en el marco de* las sesiones se debatirán todos estos asuntos»).

enfatizar, poner el énfasis. Escríbase *recalcar, poner de relieve, poner de manifiesto, hacer hincapié.* Véase *acento (poner el).*

enfrentar. Está mal usado como verbo transitivo en frases del tipo: «la crisis que *enfrenta* la región», «los problemas que *enfrenta* la nueva administración». Debe decirse: «la crisis *con que se enfrenta* la región» y «los problemas que *afronta* la nueva administración». Véase *confrontar.*

enfrentarse a. Escríbase *enfrentarse •con* o *hacer frente a.*

en función de. Úsese esta expresión en la acepción de «relación de dependencia de una cosa con otra» («se podrá elegir carrera *en función de* la nota de Selectividad»). No debe usarse *en función a.*

en honor a. Escríbase *en honor de.*

en olor de multitud. Etimología seudoculta que confunde olor con loor, y «olor de multitud» con «olor de santidad». Como escribir *en loor de multitud* resultaría pedante, sustitúyase por cualquier perífrasis del estilo: *número ingente de personas, acogida multitudinaria,* etcétera.

en orden a. Debe usarse mejor *para.*

en otro orden de cosas. Conviene no abusar de este giro.

en posesión de. No debe figurar en construcciones como «detuvieron al sospechoso *en posesión de* droga»; dígase «detuvieron al sospechoso, *que llevaba* consigo una pistola». Uso correcto: «el balón está ahora *en posesión del* equipo forastero».

en profundidad. Sustitúyase por *profundamente, a fondo, con detenimiento.*

en razón de. Sustitúyase esta locución afrancesada por *debido a, a causa de,* ya que su significado es: «por lo que pertenece o toca a».

en relación a. Escríbase *en relación con.*

enseñante. Sustitúyase este galicismo por *profesor, docente.* Como colectivo, *los docentes* o *el profesorado.*

en solitario. Galicismo innecesario. Sin *en,* la frase suele significar lo mismo. O sustitúyase por *destacado, solo en cabeza,* etc. Dígase *individual,* hablando de la actuación o grabación de un artista que se ha separado de un grupo, en vez de «... en su primera grabación *en solitario*».

ente. Es italianismo como sinónimo de *entidad, organismo.* Úsese sólo en denominaciones oficiales: «Ente Público Radio Televisión Española».

enterarse de que. No *enterarse que.*

en torno a, en torno de. Su complemento debe permitir, al menos imaginativamente, dar vueltas alrededor de él. Por eso sería aceptable decir: «hay mucho que decir *en torno a* la nueva Ley». Pero inaceptable: «no hay datos *en torno al* número de víctimas». En ambos casos debe preferirse *sobre* o *acerca de.*

entrenar. No es intransitivo. Los deportistas *se entrenan*; es el entrenador el que *entrena. Entreno* no es lo mismo que *entrenamiento.*

entrevista telefónica. Imposible. Eso sería crear la «visión auditiva».

envergadura. Ancho de la vela por donde se fija a la verga. O distancia entre las puntas de las alas abiertas de un ave; y, por extensión, distancia entre los extremos de las alas de un avión y de los brazos humanos. No es, por tanto, sinónimo de *altura* ni de *gran complexión.*

epatar. Galicismo. Escríbase *asombrar, pasmar, deslumbrar.*

equipamiento. Anglicismo que no es sinónimo de *equipo, maquinaria, material, instrumental.*

Ertzaintza. Policía autonómica vasca como institución. Un elemento de ésta es un *ertzaina.*

escáner. En lugar de *scanner.* Su plural es *escáneres.*

escuadra. Escríbase sólo para referirse al fútbol italiano en italiano. Si se escribe en español, la palabra es *equipo.*

escuchar. No confundir su uso con el del verbo *oír.*

eslalon. No *slalom* ni *eslálom.*

eslogan. Plural *eslóganes.* Existen también *lema, consigna.*

esmoquin. No *smoking.* Plural *esmóquines.*

esnob. No *snob.* Evítese el plural.

España. El nombre de España (y sus derivados) gozará en las páginas de ABC de la preeminencia que le corresponde. No se le enmascarará innecesariamente con términos como Estado, nación o país, parciales e imprecisos en sus significados respectivos. Se evitará rotundamente la perífrasis *en este país* para referirse a España.

español. Se usará indistintamente *español* o *castellano* para designar la lengua común de España y de las Repúblicas hispanoamericanas. Los que hablan el idioma son *hispanohablantes*, no *hispanoparlantes.* Véase *castellano.*

especia. No confundir con *especie* ni con *espécimen.*

específicamente. Se comete un anglicismo al utilizar esta palabra con el sentido de *especialmente*, ya que, según el diccionario de la R. A. E., específico es lo que caracteriza y distingue una especie de otra.

específico. Es anglicismo su uso con el significado de explícito.

especulaciones. Anglicismo que está desterrando palabras castellanas como *cábalas, cálculos, presunciones, rumores, sospechas, indicios, previsiones, conjeturas, creencias, barruntos, suposiciones*, etcétera.

especular. Evítese y empléense *conjeturar, calcular, sospechar, presumir, creer, opinar, prever*, etcétera. Sólo se especula cuando se reflexiona con hondura o se efectúan determinadas operaciones financieras.

es por eso que. Galicismo. Escríbase *por eso es por lo que*, o simplemente *por eso*.

espúreo. Lo correcto es *espurio*.

esquí. Plural *esquís*, no *esquíes*.

estacionamiento. Hablando de misiles, etcétera, escríbase *emplazamiento*. Véase *aparcamiento*.

Estado. Escríbase con mayúscula la inicial al referirse a la organización política de un país o al conjunto de sus miembros.

Estado español. Escríbase *España*.

Estados Unidos. La concordancia con el verbo admite las dos posibilidades: «Estados Unidos ha decidido...» y «los Estados Unidos han decidido...». Lo mismo sucede con las siglas: «EE. UU. pretende negociar...»; «los EE. UU. pretenden negociar...».

estadounidense. Como primer gentilicio y adjetivo referido a los Estados Unidos se utilizará *estadounidense*. Como segunda referencia, debido a su extendido uso, podrá emplearse *norteamericano*. En último extremo podrá utilizarse también *americano*, como sinónimo de *estadounidense*, cuando la nacionalidad de la persona o concepto a que nos referimos no ofrezca ninguna duda al lector.

estalinista. No *stalinista*.

estándar. No *standard*. Plural *estándares*. El nombre es *estandarización*.

estar siendo. Anglicismo: «la oportunidad de la medida *está siendo* analizada por los organismos competentes». Preferible: «los organismos competentes están analizando la oportunidad de la medida».

estatalizar, estatizar. No figuran en el DRAE. Poner bajo la administración o intervención del Estado es *estatificar*.

estimación, estimar. A veces se emplean equivocadamente estas palabras como sinónimo de *cálculo* y *calcular*.

estrés. No *stress*. Plural *estreses*. Recuérdese que existen *cansancio* y *agobio*.

Euskadi. No *Euzkadi*. Prefiramos siempre *País Vasco, Vascongadas, Comunidad Autónoma Vasca* al neologismo de Sabino Arana. No escribir *Euskadi Norte* ni *Euskadi Sur*.

Euskadi Buru Batzar. Sustitúyase por *Consejo Ejecutivo del PNV*.

Euskadiko Ezkerra. Consérvese para designar a este partido político y evitar la ambigüedad de *Izquierda de Euskadi*.

Euskal Herria. Solamente en citas textuales.

Euskaltzaindia. Empléese *Real Academia de la Lengua Vasca*.

euskera. Mejor *eusquera*, grafía con la que figura en el DRAE, y mucho mejor *vascuence* y *lengua vasca*.

Eusko Jaurlaritza. Escríbase *Gobierno vasco*.

Eusko Legebiltzarra. Escríbase *Parlamento vasco*.

evento. No es sinónimo de *hecho*, *suceso* o *acontecimiento*, sino de *contingencia* o *eventualidad*, ya que es algo que puede o no ocurrir.

evidencia. Solamente en algunos países americanos tiene el significado de «prueba judicial». No equivale a *prueba*, sino a *certeza*.

ex. Este prefijo, delante de nombres o adjetivos de persona, con el significado de haber dejado de ser lo que aquéllos representan, se escribirá siempre separado: *ex ministro, ex director*.

exclusivo. No es sinónimo de *selecto, elegante*.

exento. Significa «eximido o liberado de algo»; por tanto, atribuyéndole el significado de *carente*, se comete grave error: «el programa de este partido está *exento* de innovaciones en el aspecto económico».

exhaustivo. Recuérdese la existencia de *minucioso, pormenorizado, detallado*, etcétera.

exilado, exilar. Dígase *exiliado, exiliar*.

eximente. Es voz femenina.

experimentar. Preferible sufrir cuando se trata de una variación de efectos negativos: «la economía *experimentará* una recesión» es construcción correcta, pero se trata de que *experimentar* no desplace invariablemente a *sufrir*.

explosionar, explotar. La Academia los reconoce como sinónimos, con el significado de «hacer explosión» («*explosionó* o *explotó* una bomba»). Pero empléese *explosionar* con el significado de «hacer estallar»: «los especialistas de la policía *explosionaron* el artefacto».

expropiar. Véase *confiscar*.

exterior, externo. Es incorrecto *deuda externa*; dígase *deuda exterior*.

extra. Este prefijo, que significa *fuera* o *sumamente*, se escribirá unido al término al que califica, sin guión: *extraordinario, extraplano*.

extradición. Recuérdese que existen en español *entregar* y *entregado* para *extradir* y *extradido*. *Extraditar, extraditado* no figuran en el DRAE.

extrovertido. Escríbase *extravertido* (pero *introvertido*).

F

facción. Significa «parcialidad de gente amotinada o rebelada». No usarlo como sinónimo de *parte, corriente, fracción, sector* o *grupo*.

falacia. Significa «engaño, fraude o mentira con que se intenta engañar a otro». Es anglicismo cuando se emplea en el sentido de «error, sofisma o argumento falso».

fan. Plural *fanes*. Escríbase mejor *hincha, aficionado, admirador, incondicional*, según corresponda.

fedayin. Es palabra plural (el singular es *feday*). No escribamos nunca *fedayines*.

ferry. Escríbase *transbordador*.

fiable. Sólo las personas son *fiables;* las cosas son *seguras*. No debe escribirse, por ejemplo: *esta caja fuerte es muy fiable.*

film. La Academia ha adoptado *filme* (plural: *filmes*).

filme televisivo. Dígase *telefilme* (y no *telefilm*, como también suele escribirse).

filosofía. Pedantería que no debe sustituir a *fundamento, supuestos motivos, criterio, espíritu, intención, contenido,* etcétera.

finalizar. Se debe evitar el uso excesivo de este verbo. Recuérdese: *terminar, concluir, acabar, rematar, dar fin, expirar, consumar, ultimar, dar remate,* etc.

financiero. No siempre es sinónimo de *económico.*

formación. Es un galicismo emplear esta palabra con el sentido de *conjunto, agrupación* (musical, deportivo, etcétera).

foro. Empléese en vez de *forum* cuando significa «reunión para discutir asuntos de interés actual entre un auditorio que a veces interviene en la discusión».

franca mejoría. Preferible *clara* o *patente* mejoría.

fugarse. No es sinónimo de *huir.*

fútil. Es voz de acentuación grave o llana.

G

ganar de. Este verbo no tiene tal régimen preposicional. Se gana *a, con, en, para, por...,* pero nunca *de.*

gangster. Hispanícese como *gánster* (plural: *gánsteres*).

garage. Esta palabra francesa ha sido admitida por la Academia con la grafía *garaje.*

gasoducto. No *gaseoducto.*

gasóleo. No *gas-oil.*

Generalitat. Escríbase siempre *Generalidad,* excepto en declaraciones textuales.

gente. Significa «pluralidad de personas»; es un nombre colectivo. Resulta extraño leer frases como: «un grupo de *gente* se concentró a las puertas del Ministerio», o «fulano es buena *gente*».

geografía. Ciencia que trata de la descripción de la Tierra. No abusar de este término como sinónimo de *territorio, paisaje,* en frases como: «a lo largo y a lo ancho de la *geografía* española».

gincana. Hispanícese así *gymkhana.*

gira, jira. No deberán confundirse estas dos palabras. La primera es serie de actuaciones de una compañía teatral, orquesta o artista en diferentes localidades. No deberá utilizarse en relación a viajes o visitas de dignatarios o personalidades de relieve. *Gira,* da vueltas o se mueve alrededor de una cosa. *Jira* es merienda campestre.

globo sonda. Su plural es *globos sonda.*

GMT. Siglas inglesas, internacionalmente aceptadas, para designar la hora del meridiano cero o de

Greenwich (Inglaterra). Sirve de referencia para el cálculo horario de los diferentes países.

golf. Al ser un deporte con una abultada terminología inglesa, utilícese siempre ésta en cursiva.

golpe. Es galicismo en sustitución de la terminación *azo*: *golpe* de teléfono en lugar de *telefonazo*.

Gran Bretaña, Reino Unido. Recuérdese que Gran Bretaña comprende Inglaterra, Escocia y Gales. El Reino Unido abarca Gran Bretaña e Irlanda del Norte o Ulster. Por tanto, sería falso fechar una información en Edimburgo (Inglaterra).

grandes líneas. Es galicismo por *líneas generales*.

gran jurado. Traducción impropia de «grand jury». Lo correcto es *jurado de acusación*.

gratificar, gratificación, gratificante. Estas palabras están tomadas del inglés cuando se usan con el sentido de *halagar, complacer, dar gusto*, etc. («todo *gratificaba* a la vez la vista y el oído»).

grosso modo. No debe usarse esta locución latina precedida de *a* (*a grosso modo*).

gualdo. Es el masculino de *gualda*; este adjetivo no es, pues, invariable.

guarda, guardia, guardián. Se empleará *guarda* para designar al empleado civil que tiene a su cargo cuidar o vigilar algo: «un *guarda* jurado»; «un *guarda* de una empresa de seguridad». Se utilizará *guardián* para quien custodia a otra persona: «los *guardianes* de la cárcel». Finalmente, se empleará *guardia* para las personas pertenecientes a los cuerpos de seguridad: *guardia* civil, *guardia* urbano.

guardia marina. Su plural es *guardias marinas* y no *guardiamarinas*.

gueto. No *ghetto*.

H

hábil, habilidad. Salvo en *término hábil* o *día hábil*, sólo se usa para personas. Es un anglicismo utilizar estas palabras en el sentido de *capaz, capacidad*.

habría. Esta forma condicional se usa con mucha frecuencia para expresar rumor o dato inseguro. Recuérdese que el potencial refleja una acción posible, pero que no ha tenido lugar. También, debe tenerse en cuenta su concordancia con subjuntivo: «si hubiera llovido, las restricciones *habrían* terminado».

hacer frente. *Oponerse, resistir.* No usarlo para referirse a deudas, gastos o compromisos. Existen, también, verbos como *sufragar, pagar, liquidar, cumplir, hacer honor*....

hacer llegar. Evítese en la acepción de *enviar, cursar, remitir*: «el sindicato *ha hecho llegar* un escrito...».

hacer mención a. Lo correcto es *hacer mención de*.

hacer presión. Mejor y más sencillo: *presionar.*

hacer público. Mejor *publicar* o *dar a conocer.*

hachemí. El adjetivo inherente a la dinastía reinante en Jordania es *hachemí*, no hachemita. El Gobierno y los ciudadanos, en cambio, son *jordanos.*

halcón. En la acepción política de «partidario de la línea dura» (en contraposición a *paloma*), entrecomíllese.

handicap. Salvo en el lenguaje hípico, sustitúyase siempre que sea posible por *obstáculo, impedimento, rémora, desventaja, inferioridad, dificultad.* En el lenguaje del golf puede sustituirse por *categoría* y en la terminología hípica hay quien propone *compensación.*

hardware. Escribir *soporte físico.* Si no, escríbase en cursiva.

hebreo, judío, israelí. Debe emplearse en principio el gentilicio del Estado de Israel, es decir, *israelí.* No debe decirse, pues, el Ejército *hebreo*, el ministro *judío*, etcétera.

hegemonía. Supremacía que un Estado ejerce sobre otro. Es un poder grande sobre otros poderes, una preponderancia magna, un imperio abrumador. No es, por tanto, sinónimo de simple *dominio.*

herida, lesión. Empléese *herida* cuando haya ruptura de piel; en caso contrario, se utilizará *lesión.*

heridos de distinta consideración. El complemento *de consideración* no admite grados. Escríbase *heridos de diversa gravedad* o *importancia.*

hincapié (hacer). No deberá emplearse la expresión redundante *hacer especial hincapié.*

hindú, indio. *Hindú* es quien profesa el *hinduismo*, la religión más difundida de la India. El gentilicio de la India es *hindú*, pero también *indio.*

hispanohablante. No *hispanoparlante.* Escríbase de igual modo *castellanohablante, catalanohablante, anglohablante*, etcétera.

Hizbulah. No *Hezbollah*, ni *Hizbolá.* Significa «Partido de Dios.

hobby, hobbies. Empléese también *pasatiempo, afición.*

holding. En cursivas, o mejor dígase *grupo financiero* o *industrial.*

homicidio. Véase *asesinato.*

honesto, honestamente. Es anglicismo usar *honesto* por *franco* o *claro. Honesto* hace referencia al sexo y *honrado* al orden moral.

hora punta. Plural *horas punta.*

hovercraft. Úsese *aerodeslizador.*

humidificar. Escríbase *humedecer, humectar.*

huracán, tifón, ciclón. El *huracán* consiste en grandes vientos que giran en torbellino y en amplios círculos, a una velocidad mínima de 115 kilómetros por hora. Antes o después de alcanzar los vientos esa velocidad, el fenómeno se llama tormenta tropical. Los *huracanes* en el Pacífico occidental y el mar de la China se llaman *tifones*, y en el océano Índico, *ciclones.*

huso horario. No *uso horario.* No se refiere a la costumbre, sino a cada uno de los veinticuatro husos en que se considera dividida la esfera terrestre, dentro de cada uno de los cuales rige la misma hora.

I

ignorar. Anglicismo en las acepciones de *no hacer caso, desoír, hacer caso omiso, soslayar, rechazar, prescindir de, desestimar, desconocer*, etc. *Ignorar* es *no saber*.

ikastola. Escuela en vascuence. En las escuelas vascas con denominación de *ikastolas* se imparte la Educación General Básica en vascuence.

ikurriña. Significa «bandera vasca». Es la bandera de la Comunidad Autónoma Vasca. No usar la redundancia *ikurriña vasca*.

imbatido, invicto. No confundir ambos términos. *Imbatido* no figura en el DRAE. Se suele aplicar a un equipo o a un portero a los que aún no les han metido un gol. *Invicto* significa «no vencido» y se aplica al equipo que aún no ha perdido ningún partido.

impactar. No deberá escribirse: «la pelota de goma *impactó* en uno de los manifestantes», sino *«golpeó a* (o *chocó contra*) uno de los manifestantes».

impacto. No debe abusarse de este tópico. Existe *impresión, efecto, consecuencia, influencia, repercusión*, etcétera.

impasse. Mejor *callejón sin salida, estancamiento, atasco, atolladero, crisis*. No es sinónimo de *compás de espera* ni de *período de tiempo*.

implante. No confundir con *injerto* o *trasplante*.

implementar. Mejor *aplicar, reglamentar, administrar, cumplir, poner en práctica, hacer cumplir* o *ejecutar* (un plan).

imponer, imposición. Su uso es incorrecto en frases como: «la *imposición* de la ley marcial». Dígase *declaración, proclamación* o *implantación*.

inaccesible. Véase *asequible*.

inalterable. No confundirlo con *inalterado, sin variación*. Recuérdese el famoso ejemplo de la jerga deportiva: «el marcador continúa inalterable».

inasequible. Véase *asequible*.

incautar. No existe. Lo correcto es el verbo pronominal *incautarse*, que siempre debe ir acompañado de la preposición *de*. Su significado es «tomar posesión un tribunal, u otra autoridad competente, de dinero o bienes de otra clase».

incidencia. No confundirlo con *influencia* o *repercusión*. Véase *incidir*.

incidente. No debe confundirse con *accidente* o *suceso desgraciado*.

incidir. Significa «caer o incurrir en una falta, error, extremo, etc.». La última edición del diccionario de la R. A. E. ha añadido nuevas acepciones a este verbo: *sobrevenir, ocurrir, repercutir, causar efecto una cosa en otra, caer sobre algo o alguien*. Sin embargo, no debe sustituir a *influir, coincidir, aceptar, ocuparse de*.

incorporar. No usarlo en el sentido anglicista de *encarnar un personaje, interpretar un papel*.

independentista. Se encuentra esta voz empleada en lugar de *independiente*. *Independentista* es el partidario del *independentismo*, el movimiento que propugna la independencia en un país que carece de ella.

indexación, indexador, indexar. Empléese *indización, indizador, indizar.*

indio. Véase *hindú.*

indiscreción. No *indiscrección.*

indulto. Véase *amnistía.*

inédito. Significa «no publicado o editado». No confundirlo con *inaudito, inactivo* o *nuevo.*

ineficaz, inefectivo, inoperante. No *ineficiente.*

inerme. Significa «sin armas». No es lo mismo, por tanto, que *inerte* (sin vida).

inexorable. Que no se deja vencer de los ruegos. Evítese, por ahora, usar esta voz en el sentido de *inevitable, ineluctable.*

infectar. Significa «causar infección en un organismo». Distíngase de *infestar,* «invadir un lugar», animales, plantas y otros agentes perjudiciales: «la casa está *infestada* de cucarachas».

infestar. Véase *infectar.*

inflación. No *inflacción.*

infligir, infringir. *Infringir* es quebrantar una ley, un precepto, etc., y no debe confundirse con *infligir,* que es imponer un castigo, producir un daño.

influenciar. Prefiérase *influir.*

informal. Anglicismo que no tiene por qué sustituir a *no oficial, oficioso* o *extraoficial.* En todo caso, úsese con un matiz peyorativo.

informar que. Escríbase *informar de que.*

ingerir, injerir. El primer verbo significa «introducir por la boca los alimentos». El segundo, «incluir una cosa en otra», haciendo mención de ella, y, en su forma reflexiva, «entrometerse»: «el Gobierno se *injiere* en las decisiones empresariales». El sustantivo de *ingerir* es *ingestión* y el de *injerir, injerencia.*

inherente. Significa que algo está tan unido por naturaleza a otra cosa, que no se puede despegar o sobrepasar. No confundirlo con *innato* ni con *inmanente.*

iniciar. No abusar de este verbo y utilizar también *comenzar, empezar, abrir, acometer, emprender, entablar, incoar, principiar, inaugurar.* No figuran en el DRAE *reiniciar, reinicio, reiniciación.* Sí *reanudar, reemprender, reanudación.*

inmerso. Estar *inmerso* no es estar situado en o sometido a, sino sumergido, abismado.

input. Mejor *entrada* o, en el lenguaje económico, *insumo* (bienes empleados en la producción de otros bienes, pero no repuestos o accesorios).

inquirir. Es más que *preguntar.* Es *indagar, averiguar, examinar* cuidadosamente una cosa.

instancias. Vocablo del lenguaje procesal, mal empleado cuando se le hace significar *organismos, organizaciones, dirigentes de mayor rango,* etc. Evítese, pues, *altas instancias, otras instancias,* etcétera.

instrumentar medidas. Escríbase *preparar* medidas.

inteligencia. Los *servicios de inteligencia* son *servicios de información, servicios secretos, de espionaje* o *de contraespionaje.*

intencionalidad. A esta palabra le ocurre lo que a *peligrosidad* (véase). No significa *intención*, sino «cualidad de intencional o deliberado».

interceptar. No se interceptan personas, sino cosas. No usar *intercepción*, sino *interceptación*.

intermediación. En frases como «la posible *intermediación* de España entre Gran Bretaña y Argentina», escríbase *mediación*.

intimar, intimidar. No confundir estos dos vocablos. *Intimidar* es causar o infundir miedo. *Intimar* es declarar, notificar, hacer saber una cosa, especialmente con autoridad o fuerza para ser obedecido. Figuradamente, *intimar con* es introducirse en el afecto o ánimo de uno, unirse con él.

intratable. Significa «no manejable, intransitable, insociable, de humor imposible», pero no «invencible, imbatible, inalcanzable, irreductible», como suele utilizarse en el lenguaje deportivo.

inusual. Evítese y sustitúyase por *desusado, inusitado, insólito, inédito, raro*.

involucrar. No es sinónimo de *inmiscuirse*.

irrestricto. Americanismo con el significado de *total, no restringido*.

irrogarse. Véase *arrogarse*.

islámico. Perteneciente o relativo al Islam. No todo el mundo islámico es árabe.

israelí. Perteneciente o relativo al Estado de Israel. Gentilicio de dicho Estado. No confundirlo con *israelita* (término que designa a los judíos de todo el mundo, especialmente judíos practicantes), *judío* (voz que designa a un pueblo o comunidad religiosa, no a una raza), ni con *hebreo* (que es la lengua del pueblo judío). Estos tres últimos vocablos pueden utilizarse como sinónimos. No ocurre así con *israelí*, ya que hay cristianos, musulmanes o ateos *israelíes*.

J

jeep. Plural *jeeps*.

jefe de la diplomacia. No es sinónimo de *ministro de Asuntos Exteriores*.

jersey. Plural *jerseis*.

jet. Tradúzcase por *avión de reacción* o *reactor*.

jira, gira. Escrita con *j*, esta palabra significa «merienda campestre», por lo que decir «jira campestre» es una redundancia. (No debe confundirse con *gira*, «excursión a varios puntos».)

joint venture. Tradúzcase por *acuerdo de inversiones conjuntas, negocios en participación, riesgo compartido*, según corresponda.

jr. Abreviatura de «junior», utilizado en inglés a continuación de un nombre para indicar que se trata del hijo. En español se escribirá *hijo*: «Henry Ford, *hijo*». En deportes, *júnior* designa también una categoría de deportistas basada en la edad.

jugar tenis, fútbol, etc. En español decimos jugar *al* tenis.

jugar un papel. No debe hablarse nunca de *jugar,* sino de *representar* o *desempeñar* un papel, *cumplir una función, un cometido.*

junior. Empléese sólo en lenguaje deportivo (plural: *juniores*).

junto a. No es sinónimo de *con.* Expresa proximidad física.

junto con. Expresa una idea de compañía, aunque no de proximidad inmediata. «*Junto con* el famoso tenor italiano, actuará nuestra ilustre soprano.»

K

kanako. En español, *canaco.*

karate. No *kárate.*

keniata. Los de Kenia son *kenianos. Keniata* era el apellido de un presidente keniano.

khemers, khmers (rojos). Dígase los *jemer* (igual en singular que en plural).

kibutz, kibuz. Escríbase *kibbutz* y los *kibbutz.*

kilovatio. Unidad de medida eléctrica. Su símbolo es kW, sin punto a continuación.

kiosco. Escríbase *quiosco.*

L

la casi totalidad. Escríbase *casi todos* o *casi la totalidad.*

lamentar víctimas. No abusar de esta expresión. Basta con escribir *hubo víctimas, no hubo víctimas.*

lapsus. No debe confundirse *lapsus,* «equivocación, omisión involuntaria», con *lapso,* «intervalo».

la segunda mayor. Calco del inglés. Escríbase *la segunda en importancia.*

Latinoamérica, América Latina. ABC proscribe de todos los textos de elaboración propia el término artificial *Latinoamérica* o *América Latina,* que se sustituirá por *Hispanoamérica,* cuando designe a la América de habla hispana, e *Iberoamérica,* si se incluyera a Brasil. Se respetará cuando forme parte del nombre de alguna organización.

leasing. Es *arrendamiento con opción a compra.*

legación. Inferior a Embajada. (No confundirlo con *delegación.*) Es un cargo que da un Gobierno a un individuo para que lo represente cerca de otro Gobierno extranjero, como plenipotenciario o encargado de negocios.

levantar dudas. Las dudas *se despiertan*, pero no se levantan. También *se suscitan, se provocan o surgen*.

libido. Es palabra grave o llana.

liderar. Empléense en lugar de este verbo *dirigir, estar a la cabeza, encabezar, acaudillar, capitanear, presidir*.

límite. Es invariable en aposición:

«El tratamiento de casos *límite* (no «límites»).

lobby. Evítese. Puede sustituirse por *camarilla, grupo de presión*, etcétera.

localizar. No debe emplearse como sinónimo de *situar, ubicar*: «la ciudad está *localizada* al sur del país» es incorrecto.

lock-out. Evítese esta expresión inglesa. Es *cierre patronal*.

long-play. Escríbase *elepé*.

lujurioso. Es anglicismo con el sentido de *lujoso, fastuoso*.

M

madrugada. Evítese hablar de «las doce de la madrugada»; resérvese este nombre para el alba o para las horas que le preceden en poco. Las otras serán las doce, la una, las dos... *de la noche*.

magazine. No es de uso imprescindible, ni en su acepción de *tienda* ni en la de *revista ilustrada*, ni en la de *programa de TV de contenidos variados*.

magnetófono. No *magnetofón*.

Magreb. Para referirse a la zona noroeste de África, escríbase Magreb, en vez de Maghreb o Mogreb. El adjetivo correspondiente es *magrebí*.

maillot. Como término de ciclismo, empléese *camiseta*, excepto en el caso del «Tour de Francia».

mandatario. Significa «persona que acepta del mandante el encargo de representarle o de gestionar sus negocios. No es sinónimo de «autoridad política». Véase *dignatario*.

mantener. No abusar de este verbo como equivalente de *tener* o *celebrar* en construcciones como *mantener conversaciones, reuniones, entrevistas*. No es sinónimo de *retener*.

mañana de hoy (en la). Escríbase *esta mañana, hoy por la mañana*.

maratón. Es vocablo masculino. Evítese la grafía *marathón*.

mare mágnum. No *maremágnum*. Plural invariable.

margen. Es voz femenina en el significado de «orilla de una corriente de agua», y masculina en los demás casos.

marines. No son marinos, sino infantes de la Marina estadounidense.

marketing. Es conveniente que esta palabra vaya siendo sustituida por *mercadotecnia.*

marrón. Véase *castaño.*

masacre. Aceptada por la Academia. Úsese mejor *matanza, exterminio* y, para las matanzas rituales, *hecatombe.*

mass media. Sustitúyase por *medios de comunicación* o *medios de difusión.*

match. Se sustituirá por *combate, encuentro* o *partido deportivo.*

mayormente. Es vulgarismo. Úsese *principalmente.*

médica. Es el femenino de *médico.*

Medio Oriente. Anglicismo. Escríbase *Oriente Medio.* Véase *Oriente.*

memorándum. Mejor *memorando,* y en plural *memorandos.*

mención. Dígase *hacer mención de* (y no *hacer mención a*).

mentalizar. En la mayor parte de sus usos, este verbo, ausente del Diccionario, no sustituye ventajosamente a *convencer, persuadir, imbuir, infundir, inculcar.*

mentís. Véase *desmentido.*

mercado negro. Úsese sólo para aquellos productos que, distribuyéndose en el comercio normal, alcanzan otros precios por vías ilegales.

metamórfosis. Escríbase *metamorfosis.*

meteorología. No *metereología.*

metodología. No es sinónimo de *los métodos.* Es incorrecto decir: «ésa es la *metodología* que usan los que practican el timo de la estampita».

México, mexicano. Escríbase siempre así.

microfilme. La grafía correcta es ésta, no *microfilm.*

ministra. Es el femenino de *ministro.*

mismamente. Es vulgarismo. Escríbase *cabalmente, precisamente.*

mitin. No existen *mítines deportivos* y, por supuesto, no es sinónimo de *reunión* o *entrevista.*

modisto. Dígase el *modista* (como el *periodista*), aunque la Academia ha aceptado también *modisto.*

monarca. El *monarca,* o *soberano* de un Estado, es únicamente el Rey. Por tanto, es incorrecto hablar de «los monarcas» para referirse conjuntamente al Rey y la Reina. Cuando es una Reina la que ocupa el trono (caso de Gran Bretaña, Holanda y Dinamarca), escríbase *la Soberana.*

Monarquía. Escríbase con mayúscula inicial.

morgue. Empléese *depósito de cadáveres.*

mortalidad, mortandad. *Mortalidad* es el número proporcional de defunciones en población o tiempo determinados. *Mortandad* es la multitud de muertes causadas por epidemias, cataclismos o guerras.

Mosad. No *Mossad* (servicio secreto israelí).

motín. Úsese este sustantivo, al igual que el verbo *amotinar,* para referirse a rebeliones en cárceles, barcos o guarniciones militares. En el caso de levantamientos militares o civiles contra un gobierno, empléese *sedición* o *sublevación.*

motivación. Es la «acción y efecto de explicar el motivo por el que se ha hecho una cosa». Abusivamente se emplea como sinónimo de *mo-*

tivo, causa, razón, que es lo que debe decirse.

motriz. Es el femenino de *motor.* Resulta absurdo hablar, por tanto, del impulso *motriz,* del esfuerzo *motriz,* etcétera.

motu proprio. No *de motu propio.*

muestra. Evítese este vocablo en su acepción italiana o inglesa de *exposición, exhibición, certamen, feria, festival,* etc. Válido en *feria de muestras.*

mundial, mundiales. Cuando sólo se disputa un título deportivo, empléese en singular. *Campeonato Mundial de Fúlbol* y no *los Mundiales de Fútbol.*

musulmán. Persona cuya religión es el Islam. Son *musulmanes* todos los fieles a esa doctrina, sean o no árabes. Recuérdese que hay comunidades árabes cristianas, y que los turcos, que no son árabes, sí son mayoritariamente *musulmanes.* En español, también se puede emplear la voz *mahometano.*

mutatis mutandis. No *mutatis mutandi.*

muyahidin. Invariable en singular y plural.

N

Naciones Unidas. Antepóngase el artículo *las* al nombre propio.

naïf. Ingenuo. Utilícese sólo en el lenguaje de la crítica artística. Femenino *naïve,* plural *naïves.*

nailon. O *nilón,* pero no *nylon.*

nato, natos. Error en frases como «el equipo juega ahora con un par de extremos *natos*» ¿Es que existen extremos *no natos?*

negligir. Galicismo. Escríbase *descuidar, omitir, desatender, dejar de lado.*

negro. Para designar a las personas de raza negra, evítense los inapropiados eufemismos *personas de color* o *de piel oscura.*

niños problemáticos. Escríbase *niños con problemas* o *niños difíciles.*

nivelar el déficit. Dígase *enjugar, cancelar, extinguir* el déficit.

no apoyo. Eliminar construcciones como ésta de «no + sustantivo» (*no apoyo, no asistencia, no aceptación*). Empléense giros verbales o el sustantivo negativo correspondiente, cuando lo haya.

Nóbel. Escríbase *Nobel.*

noche de ayer. Dígase *anoche.*

noche de hoy. Escríbase *esta noche, hoy por la noche.*

nominal. No hay *cheques nominales,* sino *nominativos.*

nominar. Anglicismo inadmisible. En español este verbo significa «dotar de nombre a una persona o cosa». Para la acepción inglesa, dígase: *proponer, presentar, designar, seleccionar, proclamar candidato.*

noquear. Aunque aún no figura en el DRAE, puede emplearse este verbo formado sobre la expresión inglesa *knock out* para «dejar fuera de combate al adversario en el deporte del boxeo».

noreste. Escríbase *nordeste*. En cambio, sí es correcto *noroeste*.

normativa. Es pedantesco su empleo en frases como: «hay que modificar la *normativa* vigente». Dígase *normas, regulación, legislación, reglamentación*, etcétera. Recuérdese que es un adjetivo.

norteamericano. Véase *América, americano*.

nuclear. No debe usarse como verbo. Escríbase *agrupar, congregar*, etc. Es un adjetivo.

nucleizar. Véase *nuclear*. Verbo innecesariamente inventado como sinónimo de *congregar*.

nudo. Unidad de velocidad, equivalente a una milla por hora. Evítese escribir «nudos por hora».

nylon. Escríbase *nailon*.

O

objeción. No *objección*.

obligatoriedad. No es lo mismo que *obligación*.

oboe. No *óboe*.

obsoleto. Significa «poco usado», «caído en desuso»; pero no «antiguo».

ofertar. No confundirlo con *ofrecer*. Los partidos políticos y las empresas no *ofertan*, sino que *ofrecen*.

off the record. Tradúzcase, en lenguaje periodístico, por *confidencial, no divulgable, extraoficial*, etcétera.

oír. Véase *escuchar*.

olor de multitud (en). Véase *en olor de multitud*.

ombudsman. Escríbase *defensor del pueblo*.

opción. No debe usarse nunca con el significado de *candidatura*.

optimizar, optimización. Escríbase *optimar, optimación*.

óptimo. Adjetivo en grado superlativo. No puede escribirse *más óptimo*.

orden del día. Es *el orden del día* (de una reunión); pero *la orden del día* de una guarnición.

ordenar. No es sinónimo de *pedir* o *encargar*.

orfelinato. Sustitúyase este galicismo por *orfanato*.

Oriente. Conviene respetar el uso español, mucho más preciso que el anglofrancés, para la división del Oriente. El Oriente Próximo o Cercano Oriente comprende Israel, Líbano, Jordania, Irak, Siria, Turquía, Arabia y Egipto. Oriente Medio incluye Irán, Pakistán, la India y sus países limítrofes. Por último, Extremo o Lejano Oriente, con China, Japón, Corea y países del Pacífico.

oscilar. No significa *girar*, sino «crecer y disminuir alternativamente, con más o menos regularidad, la intensidad de algunas manifestaciones o fenómenos».

oscuro. No *obscuro*.

ostentar. Significa «mostrar o hacer

patente una cosa» y «hacer gala de grandeza, lucimiento o boato». No es sinónimo de «ejercer, desempeñar u ocupar un cargo».

otomano. No se debe emplear para referirse a la actual Turquía.

otorgar. Es conceder una merced o una gracia. No se pueden otorgar tarjetas amarillas, suspensos ni penas.

output. Tradúzcase, cuando sea posible, por *salida* o *potencia de salida.*

overbooking. Escríbase *exceso de reservas* o *sobrerreserva, saturación* o *sobrecontratación* para indicar que se han reservado más plazas (en hoteles, aviones, etc.) de las disponibles.

ovni. Sustantivo formado por las iniciales de «objeto volante no identificado». Escríbase todo en minúsculas.

P

pamplonicas. Sólo en el lenguaje familiar. Escríbase *pamploneses.*

panfleto. Figura en el DRAE como «libelo difamatorio» y «opúsculo de carácter agresivo». No confundirlo con *folleto.*

paquete de medidas. Escríbase *medidas, serie de medidas, conjunto de medidas....* Lo mismo para *paquete de normas, disposiciones, acuerdos....*

parafernalia. Puede usarse esta palabra para designar un conjunto de utensilios, adminículos, etc., necesarios para un determinado uso; pero se recomienda *utillaje* o *utensilios.*

paralelamente, en paralelo. No es sinónimo de *a la vez.*

parámetro. Voz muy empleada en lugar de *circunstancias* o *motivos, punto de referencia, criterio.* El vocablo se usa con acepciones vagas, más o menos equivalentes a *variable, variante* o *punto de referencia.*

parisino. Escríbase *parisiense.*

parking. Dígase *aparcamiento* o *estacionamiento.*

paro cardíaco. No confundirlo con *infarto mortal.*

parquet. La Academia ha aceptado *parqué* (plural: *parqués*).

partenaire. Escríbase *socio* o *pareja.*

partidario. No debe usarse como referente a un partido político («los intereses *partidarios...*»). Dígase *del partido* o *de los partidos.*

partidista. Incorrecto en «los intereses *partidistas*», por *del partido* o *de los partidos.*

pasar por. Se utiliza a veces, indebidamente, con el significado de *depender de*: «El fin de la guerra *pasa por* el cumplimiento de las resoluciones de la ONU».

peatonal. Derivado impropio de *peatón.* Escríbase *de peatones.* No existe *peatonalizar.*

pedir disculpas. No confundirlo con *presentar disculpas, ofrecer disculpas* o *disculparse.*

peligrosidad. Calidad de peligroso.

No es voz correcta en el sentido de *peligro*.

penalidad. No equivale a *sanción* o *castigo*.

penalizar. Prefiérase *sancionar, castigar, penar*, etc. El verbo ha sido admitido por el nuevo diccionario de la R. A. E. para competiciones deportivas.

penalti. Escríbase así el inglés *penalty* (plural: *penaltis*).

pequinés. No debe escribirse *pekinés*, aunque sea el gentilicio de Pekín. Todos los gentilicios de países y ciudades que terminan en *k* deben escribirse con *q* (Irak: iraquí).

periplo. Se ha generalizado el uso de esta palabra con el sentido de viaje por mar más o menos largo. Es incorrecto usarlo refiriéndose a viajes por tierra o aire.

permisividad. Debe evitarse. Escríbase *tolerancia*. No existe *permisivismo*.

pesticida. Escríbase *plaguicida*.

petrolífero. Significa «que contiene petróleo». No debe usarse, pues, en lugar de petrolero, «relativo al petróleo».

pimpón. O *tenis de mesa*. No *ping-pong*.

pinchadiscos. Puede usarse en lugar de *disc-jockey*.

pírrico. Se dice del triunfo o victoria obtenidos con más daños para el vencedor que para el vencido. Nunca significa *escaso, poco importante, pobre*.

pívot. Escríbase en redonda debido a su generalizado uso.

plácet. No tiene plural.

planning. Sustitúyase por *plan, programa, planificación, planeamiento*.

plataforma. Se trata de un anglicismo en el sentido de *plataforma electoral* o *plataforma reivindicativa*. Escríbase *programa electoral* y *reivindicaciones*.

plausible. Digno o merecedor de aplauso, admisible, recomendable. No es sinónimo de *posible* o *viable*.

play-back. En castellano, *sonido previo* o *pregrabado*.

play-off. Debe evitarse y ser sustituido por *eliminatoria, fase final, liguilla, desempate, segunda fase...*, según los casos.

plaza. Véase *calle*.

plusmarquista. Úsese este nombre en lugar de los términos deportivos ingleses *recordman* y *recordwoman*.

poblador. No es sinónimo de *habitante*.

podio. No *podium*.

poetisa. La mujer que hace versos es *poetisa*, no *poeta*.

pogromo. No *progromo*, ni *progrom*. Plural *pogromos*. Equivale a *matanza, asalto, aniquilamiento*.

pole position. Escríbase *posición de cabeza* o *primera posición*. No confundirlo con *pool positions*.

políglota. Su masculino es *polígloto*.

políticas económicas. Escríbase siempre en singular, *política económica*, ya que en plural es anglicismo.

polivalente. No debe usarse con el significado de *múltiple*.

poner de manifiesto. Escríbase *manifestar*.

poner en cuestión. No usarlo. Véase *cuestionar*.

poni. Así ha adaptado la Academia el inglés *poney*.

pool. Manténganse en cursivas o tradúzcase, siempre que sea posible, por *agrupamiento* (por ejemplo, de empresas) o *representación* de un grupo más amplio de personas.

póquer. Versión castellana de *poker*.

por contra. Galicismo. Escríbase *por el contrario, sin embargo, en cambio*.

por la vía de. No debe suplir a *mediante, con, por* y otras preposiciones.

por que, por qué. La primera forma es combinación de relativo con preposición: «éstas son las razones *por que* no quiero ir». *Por qué* es pronombre o adjetivo interrogativo precedido de la preposición *por*: «díme *por qué* no quieres ir».

porque, porqué. *Porque* es conjunción causal: «voy *porque* quiero». Acentuado es sustantivo, con el significado de causa: «explícame el *porqué* de tu actitud». Tiene un plural: *los porqués*.

portaaviones. No *portaviones*.

portar. Es anticuado usarlo en lugar de *llevar* o *traer*. Úsese solamente en *portar* armas.

portorriqueño. Escríbase *puertorriqueño*.

pos, post. El prefijo *pos* se usa cuando precede a una palabra que comienza por consonante. *Post* cuando la palabra comienza por vocal: *posguerra, postoperatorio*.

posición. Anglicismo en frases como: «no están en *posición* de exigir nada» (por *situación, condiciones*); «mantiene firme su *posición* en el conflicto» (por *actitud*); «ocupa una importante *posición* en el partido» (por *puesto, cargo, empleo*, etc., y, si no tiene *cargo*: «ejerce una gran *influencia* en el partido»).

posicionamiento. Escríbase mejor *actitud, posición, postura, toma de postura*, etcétera.

posicionar. Véase *posicionamiento*. Dígase *colocar, situar, definirse, tomar posición*, etcétera.

poster. Tradúzcase por *pasquín* o *cartel* o escríbase en cursiva cuando no equivalga a estas voces.

posteriormente a. Preferible *después* o *con posterioridad a*.

postulante. No es sinónimo de *candidato*.

potencial. Debe evitarse como sinónimo de *poderío* o *potencia*: «el *potencial* atómico occidental».

práctica totalidad. Véase *la casi totalidad*.

precarización. No usarlo. Son vocablos equivalentes *deterioro, inseguridad, desgaste*.

precongresual. Dígase *anterior al congreso*. Véase *congresual*.

preeminente. No confundir este término, que significa *excelso* y se aplica siempre a algo abstracto, con *prominente*, que es lo que se levanta sobre lo que está alrededor, con un sentido material, concreto.

preferencial. Mejor *preferente*.

premier. Escríbase en cursivas y referido sólo al primer ministro británico.

premisa. Pedantería por *supuesto, base, condición*, etcétera.

preparado (estar). Anglicismo cuando lo hacemos equivaler a *dispuesto*.

prerrequisitos, precondiciones. En español se debe decir: *condiciones previas, requisitos previos*.

prescribir, proscribir. El significado de *prescribir* es ordenar, y también concluir algo con el transcurso del tiempo. El de *proscribir* es desterrar, prohibir el uso de una cosa.

presentar. Restrínjase su uso en la expresión *presentar heridas*. Las heridas, normalmente, no se presentan, *se tienen, se reciben*.

preservar, preservación. Es anglicismo el uso de *preservar* y *preservación* en el sentido de *conservar* y *conservación*. *Preservar* es «poner anticipadamente a una persona o cosa a cubierto de algún daño o peligro». *Conservar* es «mantener una cosa en su ser o buen estado, cuidar de que prolongue su existencia».

pressing. Escríbase *presión, acoso*.

préstamos blandos. Debe evitarse. Empléese *préstamos favorables* o *préstamos privilegiados*.

presunto, supuesto. Se emplearán los adjetivos *presunto* y *supuesto* para indicar que algo no ha sido comprobado: «el *presunto* asesino declaró que no había visto nunca a la víctima». Sin embargo, se evitará el uso incorrecto o escrupuloso en extremo de estos adjetivos y de los adverbios *presuntamente* y *supuestamente*: «dos jóvenes declaran haber sufrido *supuestos* malos tratos», o «el *presunto* ladrón fue detenido en flagrante delito».

pretexto. Es incorrecto *bajo el pretexto*. Es aconsejable *con el pretexto de. So pretexto de* también es correcto.

prevenir. No debe usarse con el significado de *impedir, evitar*.

prever. Se lee a veces: «la Ley *prevé* que en estos casos...». La ley no *prevé*, sino que *ordena, dispone, establece, manda, estipula...* Es, pues, erróneo escribir: «se van a tomar las medidas *previstas* por el decreto...»; se dirá *establecidas, dispuestas, estipuladas*, etcétera. No confundirlo con *proveer*.

preveyendo, preveyera, preveyó. Formas incorrectas por *previendo, previera, previó*. El verbo *prever* se conjuga como *ver*.

previamente a. Constituye error este difundido giro en frases como: «*previamente a* la firma del acuerdo, se discutirán los aspectos más importantes». Escríbase «*antes de* la firma del acuerdo...».

primera ministra. No *la primer ministra*, ni *la primer ministro*.

primero de todo. Escríbase *en primer lugar, ante todo*.

prioridad, prioritario. Aunque aceptado por la Academia, no conviene abusar de él. Mejor *preferencia, precedencia, prelación* y *preferente*.

priorizar. Escríbase *dar prioridad*.

prisma. Evítense los giros *bajo el prisma de, desde el prisma de*. Dígase: *desde el punto de vista de*. No tiene el significado de *situación, puesto, punto alto*.

privacidad. En lugar de este anglicismo, úsese *intimidad, vida privada* o *aislamiento*.

pro. En ningún caso debe unirse con guión a la palabra que precede. Es incorrecto escribir: «la comisión *pro-amnistía*».

problemática. No debe emplearse como sustitutivo de *problemas*. Es un adjetivo.

procedimental. Escríbase *procesal* o *de procedimiento*.

proclive. Se aplica a la persona propensa a alguna cosa, *especialmente a lo malo*. En caso contrario, escríbase *propicio, bien dispuesto, predispuesto,* etcétera.

producir. Un terremoto, un accidente o un suceso inesperado no se producen: *suceden, sobrevienen* u *ocurren.*

proferir. Se profiere cuando se pronuncian, dicen o articulan palabras, pero no se usa para referirse al lenguaje escrito.

progresivamente, paulatinamente. No son sinónimos. No es correcto escribir: «la Tierra aumenta *progresivamente* de temperatura». Debe escribirse *paulatinamente*, porque quiere decir que va aumentando «poco a poco».

promover. Anglicismo que está desplazando a *convocar, fomentar*: «*Promover* una reunión».

pronunciamiento. Evítese cuidadosamente hacerlo equivaler a declaración, ya que, en español, sólo significa «rebelión militar».

pronunciar un mitin. Los mítines *se celebran*, son los discursos los que se pronuncian.

propiciar. Significa «favorecer la ejecución de algo». Es absurdo, por tanto, escribir: «los adivinos *propician* (por *pronostican*) un año lleno de dificultades». El verbo sólo puede emplearse cuando favorece *activamente* la realización de algo.

propicio. Significa «favorable, inclinado a hacer un bien, propenso, dispuesto». Véase *propiciar.*

propuesta. Se abusa de este sustantivo en sustitución de *oferta, programa, proyecto, plan.*

prosperar. Sólo significa «ocasionar prosperidad» y «tener prosperidad y gozar de ella», pero no *avanzar, progresar, adelantar, pasar, ser aprobado, triunfar, ser admitido.*

protagonizar. Es un sinsentido que una multitud *protagonice* algo. Recuérdese el significado etimológico de la palabra. Tampoco es correcto en frases como: «un disparo *protagonizado* por el delantero X». Es tan ridículo como escribir: «he recibido una carta *protagonizada* por Paco».

proveniente. No *provinente*, ni *proviniente.*

provocar. No significa *causar, producir*, sino *excitar, inducir* a hacer alguna cosa.

proyección. Galicismo que las más de las veces se traduce erróneamente por *previsión*: «... según las *proyecciones* realizadas a medio plazo...».

pseudo, seudo. Téngase en cuenta que la R. A. E. prefiere la segunda grafía.

psico, sico. En las palabras compuestas con este prefijo, consérvese siempre la forma *psico.*

psiquiátrico. No es sinónimo de *mental*. En lugar de «ha padecido trastornos *psiquiátricos*», dígase «ha padecido trastornos *mentales*».

publicitar. Verbo inexistente en castellano. Dígase *dar a la publicidad* algo, o *hacer publicidad* de un producto comercial.

puding. Escríbase *budín* o *pudín.*

puertorriqueño. No *portorriqueño.*

pulsión. Escríbase *impulso.*

punta (tecnología). Mejor *tecnología avanzada.*

punto y final. Escríbase *punto final.*

puntual. No deberá utilizarse en el sentido de pormenorizado, pertinente, oportuno, específico o concreto. Puntual significa *formal, di-* *ligente, exacto* en la ejecución de las cosas, e *indubitable, cierto, conforme, conveniente;* y, por supuesto, *a la hora en punto.* Pero no equivale a *concreto, actual.*

Q

que, qué. Sin acento es conjunción: «espero *que* llegue mi momento». Acentuado es pronombre o adjetivo interrogativo: «¿*qué* piensas?»; «¿*qué* libro es ése?».

querella. «Se ha presentado una *querella* criminal» es redundancia, pues toda querella formulada ante un Juzgado es criminal por definición (en los demás casos se denomina *demanda*).

queroseno. No *keroseno.*

quien, quién. Sin acento es pronombre relativo referido siempre a persona: «*quien* mal anda, mal acaba». Acentuado es pronombre interrogativo: «¿*quién* es usted?».

quimono. No *kimono.*

quiosco. Escríbase con esta grafía; no «kiosco», ni «quiosko».

quizá, quizás. La Academia da preferencia a *quizá.*

R

radiactividad, radiactivo. No *radioactividad,* ni *radioactivo.*

raid. Debe traducirse por *incursión, correría, ataque, bombardeo, batida, irrupción.*

rally. Palabra inglesa que significa carrera automovilística. Conviene castellanizar el plural: *rallys.*

ranking. Evítese esta palabra inglesa, que significa *clasificación* o *situación, tabla clasificatoria, lista.*

rapport. Escríbase *informe.*

rapto, secuestro. No confundir estos términos. *Rapto* es secuestro con móvil sexual, y la víctima es siempre mujer. *Secuestro,* entre otras cosas, es el delito consistente en apresar a una persona y exigir dinero por su rescate.

raza. No debe usarse por *especie.* No es la raza humana, sino la especie humana.

reactivación, recrudecimiento. La primera palabra es de signo positivo, de signo negativo la segunda: «la *reactivación* de la economía», pero «el *recrudecimiento* del paro».

receso. En castellano significa «separación, apartamiento, desvío». Con el sentido anglicista sustitúyase por *suspensión, aplazamiento, descanso...*

reclamarse de. Inaceptable en el sentido de *invocar, apoyarse en, proclamarse, apelar a.*

reconducir, reconducción, reconversión. Dígase mejor: *reorientar, cambiar, reformar, renovar, reorganizar,* etcétera.

récord. Escríbase en redonda. Recuérdese, sin embargo, la existencia de *marca, plusmarca, historial, palmarés, relación, registro, anales,* etcétera. Evítense expresiones redundantes como: «un nuevo récord».

referéndum. Adóptese como plural *referendos* y recuérdese que existe el singular *referendo.*

reforzamiento. No existe esta palabra en español. Dígase *refuerzo* y, en todo caso, según el texto, *aumento, incremento,* etcétera.

regionalización. En frases como «significaría la *regionalización* de los conflictos», dígase siempre *extensión.*

registrar. Los accidentes, los atentados, los combates no *se registran,* sino que *suceden, ocurren, se libran...*

regulación, regulaciones. Muchas veces se emplea mal, en las acepciones de *reglamento, reglamentación* o *norma.*

regular. Es anglicismo cuando se usa en la acepción de *habitual, asiduo.*

rehusarse. Escríbase *rehusar* o *negarse a.*

reiniciar. Empleemos *reanudar, recomenzar, reemprender.* Véase *iniciar.*

reinserción. No figura en el DRAE. Escríbase preferentemente *reintegración.*

reivindicar. Significa «reclamar, exigir uno aquello a que tiene derecho». Se emplea mal en frases como: «Nadie *ha reivindicado* aún el crimen». Y referido a atentados, no debe emplearse nunca. Utilícese, en estos casos, *declararse autor, atribuirse.*

relanzar. No es *reactivar* o *volver a lanzar,* sino *repeler, rechazar.*

remarcar. Significa «volver a marcar». Es galicismo en lugar de *destacar, subrayar, hacer hincapié, manifestar, señalar, poner de relieve, llamar la atención...*

remodelación, remodelar. Anglicismo por *reestructuración, reajuste, remoción, reforma, modificación, mejora...;* y los verbos correspondientes.

rendir un servicio. Mejor que este galicismo, *prestar un servicio.*

represaliar. No figura en el DRAE. Escríbase *tomar represalias.*

restañar. Significa «estancar o detener el curso de un líquido». *Se restaña* la sangre, pero no una herida; ésta, cicatriza.

restar. Sinónimo aceptable, pero abusivo de *quedar,* y disparatado y también abusivo de *faltar.*

reticente. Significa: «no decir sino parte, y de ordinario con malicia, de algo que debiera decirse». No debe usarse con el significado de *reacio, renuente, remiso.* Por tanto, *reticencia* no es *recelo* ni *prevención.*

rol. Utilícese sólo en el lenguaje de la Sociología. En los demás casos, empléese *papel, personaje, cometido, función*.

romance. En español este vocablo no es sinónimo de *idilio, noviazgo, aventura, amorío, flirteo* o *galanteo*.

round. Se preferirá la palabra española *asalto*. Si se mantiene el término inglés, escríbase en cursivas.

royalty. Úsese preferentemente *canon, patente, derecho, regalía*. Plural *royaltys*, mejor que *royalties*.

Rumanía. Escríbase con acento.

rutinario. No debe emplearse como equivalente a *ordinario, periódico, de trámite*. En español, *rutinario* es lo que se hace con rutina, por mera práctica, puramente formulario y sin discurrir; tiene carácter peyorativo.

S

saga. Su sentido original de «leyenda escandinava» se ha desvirtuado, y hoy se utiliza frecuentemente como sinónimo de *familia* o *clan*. Evítese este uso incorrecto.

Sáhara. No *Sahara*.

salvaje, silvestre. *Salvaje* se aplica a personas y animales; *silvestre*, a las plantas. Los limones del Caribe, por tanto, son *silvestres*, y no *salvajes*.

santuario. Es anglicismo en frases como: «Los etarras se han acogido al *santuario* de Francia». Escríbase *refugio* o *asilo*.

saudí. Preferible a saudita.

scanner. Ha sido adoptado por la Academia como *escáner*.

secuela. Es la mala consecuencia de una cosa. No es correcto decir: «Se anuncia una *secuela* de la primera película. Dígase *una segunda parte* o *una continuación*.

secuestro. Véase *rapto*.

sefardí. Preferible a sefardita.

segmento. Escríbase *sector* en frases como «los *segmentos* de la sociedad que...».

seguidamente a. Desplaza incorrectamente a *después de, tras, a continuación de*.

segundo más importante (el). Escríbase *el segundo en importancia*.

seguras fuentes. Las fuentes son *fidedignas* o *dignas de crédito*.

sello. Es anglicismo como sinónimo de *marca comercial* o *firma discográfica*.

semántica. Frecuentemente se olvida que la *semántica* es el estudio de la significación de las palabras. Es grave error usar este vocablo en lugar de *formal* o *terminológico*.

sendos. Recuérdese que significa *uno cada uno* y no *ambos*, ni tampoco *grandes* o *descomunales*. Es una barbaridad escribir «le dio a su agresor sendas bofetadas».

señalizar. No es equivalente a *señalar*. *Señalizar* es poner señales.

ser objeto de. Se abusa de esta locución, que impide el uso de verbos de acción. En lugar de «Gorbachov fue objeto de un recibimiento multitudinario», escríbase «una gran multitud recibió a Gorbachov».

sesquicentenario. Aunque usado

preferentemente en Hispanoamérica, el empleo de este término es correcto para indicar el 150 aniversario.

severo. No debe aplicarse este adjetivo a cosas: «sufrió una *severa* derrota». Dígase *importante, fuerte, grave, serio, duro...*

shock. Véase *choque*. Puede decirse también *conmoción*.

sida. Sustantivo formado por las iniciales de «síndrome de inmunodeficiencia adquirida». Escríbase todo en minúsculas. El adjetivo es *sídico*.

silenciar. Significa «guardar silencio sobre algo». Evítese el uso anglicista que lo hace significar «acallar, reducir al silencio».

simpatizar. Es verbo intransitivo. Recuérdese que se construye con la preposición *con* o sin preposición, pero nunca en forma pronominal. No es correcto escribir «Fulano no *me simpatiza*.

simposium. La academia ha adoptado la forma *simposio* y su plural *simposios*.

simultáneamente con. Escríbase *simultáneamente a, a la vez que.*

síndrome. No es sinónimo de *enfermedad*, sino de «conjunto de síntomas de ella».

singladura. Es la distancia que recorre un barco en un día. No es sinónimo de *viaje, aventura, empresa.*

siniestralidad. Aún no figura en el DRAE. Escríbase *frecuencia* o *índice* de siniestros.

sir. Este tratamiento honorífico inglés (y su equivalente femenino *madame*) debe anteponerse al nombre de pila, no al apellido solo: *sir* Winston, o *sir* Winston Churchill.

slogan. Véase *eslogan.*

smoking. La Academia ha aceptado *esmoquin* (plural *esmóquines*).

snob. Escríbase *esnob.*

sobre. Evítese el empleo galicista de *sobre* por *de*. No debe escribirse: «padecen esta enfermedad uno *sobre* diez españoles».

sobredimensionar. Galicismo con el significado de «dar a algo dimensiones mayores de las necesarias». Sustitúyase por *exagerar* o *desorbitar.*

sofisticado. Es el participio de *sofisticar*, que significa «adulterar», «falsificar con sofismas». No debe usarse en la acepción anglicada de *refinado, sutil, complejo, de compleja mecánica, de extraordinaria precisión*, etcétera.

solo, sólo. Sin acento es adjetivo, con el significado de sin compañía o único: «por la tarde estoy *solo*». Acentuado es adverbio, equivale a solamente: «*sólo* voy a la oficina por la tarde».

solventes (fuentes). Son *fuentes fidedignas* o *dignas de crédito.*

sostener. Evítese su uso como sinónimo de *mantener* (conversaciones, reuniones, entrevistas, etc.). Pero sí en *sostener* una disputa, una tesis.

spaghetti. Escríbase la forma castellanizada *espagueti.*

sponsor. Escríbase *patrocinador, mecenas, padrino, protector*, según corresponda.

spot. Tradúzcase por *anuncio* o *espacio publicitario.*

spray. Tradúzcase por *aerosol, va-*

porizador, nebulizador o pulverizador.

sr. En inglés, abreviatura de «senior», o *padre*, a continuación de un nombre. Utilícese en castellano *padre*.

staff. Escríbase, según los casos, *personal directivo, equipo directivo, dirigentes, plana mayor, plantilla (de redacción), estado mayor, personal docente*, etc.

stand. Escríbase *caseta, pabellón, puesto.*

standard. Véase *estándar.*

standing. Tradúzcase por *categoría, importancia, reputación, solvencia, posición, crédito* o *sitio.* Equivale a veces a *duración* o *antigüedad.* También a *posición* (social) y *nivel de vida.*

status. Tradúzcase por *posición social* o *nivel social*; otras veces por *estado, situación* o *consideración, posición, sentido.* La tan conocida expresión latina es *statu quo.*

stock. Tradúzcase por *existencias* o *reservas, inventario, almacenamiento.*

stress. Véase *estrés.*

sujeción. No *sujección.*

suní. No sunita.

superávit. Conviene usar sólo el singular. Plural *los superávit.*

superviviente. Empléese sólo cuando ha habido muertos.

supervivir. Correcto en accidentes: «los *supervivientes* del naufragio». En los otros casos dígase *sobrevivir*: «algunos conservatorios *sobreviven* de milagro».

supuesto. Véase *presunto.*

susceptible. Constituye un error confundirlo con *capaz*, como ocurre con este ejemplo: «la crisis del Golfo es *susceptible* de provocar graves enfrentamientos en el mundo árabe». *Susceptible* implica una capacidad «pasiva»: «el proyecto es *susceptible* de mejoras». Y *capaz* implica «actividad»: «el acuerdo parece *capaz* de resolver los problemas».

suspense. En castellano correcto debe escribirse *suspenso* o *suspensión.*

T

tabú. Su plural es *tabúes* o *tabús.*

táctil. Es voz grave o llana.

tachar. Significa *culpar, censurar*, pero no *considerar, calificar.*

tándem. No tiene plural.

televidente. Escríbase *telespectador.*

televisivo. Relativo a la televisión. No debe confundirse con *televisado* o *televisual.*

tema. Evítese el abuso de este sustantivo, convertido en término polivalente que sólo evidencia pobreza expresiva en quien lo prodiga. Sustitúyase, según los casos, por *punto, asunto, materia, cuestión, problema*, etcétera.

temática. Muchas veces equivale, simplemente, a *los temas*; y, otras, a *temario.*

tener efecto. Evítese como sinónimo

de *efectuarse, celebrarse, suceder, tener lugar...*

tener lugar. Sólo debe emplearse cuando, además de la circunstancia de tiempo, se indique la de lugar. No conviene abusar, sin embargo, de esta locución. Se recuerda la existencia de *producirse, celebrarse, ocurrir,* etc.

terminal. El género de esta palabra depende del nombre sobreentendido: *la* (estación) *terminal, el* (edificio) *terminal.*

tesitura. «Altura propia de cada voz o instrumento» y, figuradamente, «actitud o disposición de ánimo». No es sinónimo, por tanto, de *situación, momento, trance.*

test. Escríbase *prueba objetiva, cuestionario, examen, experimento.* Utilícese la cursiva para las citas textuales.

Texas, texano. Escríbase siempre así.

ticket. Si no puede usarse *entrada, boleto, billete* o *vale,* empléese *tique,* vocablo registrado por la Academia. En política debe usarse *candidatura* o *lista* (de un partido).

tifón. Véase *huracán.*

tomar acuerdo. Preferible *acordar.*

tomar conciencia. Véase *concienciar.*

tour operator. Tradúzcase por *operador turístico* o *intermediario.*

traducido a la óptica. Metáfora intolerable por *punto de vista, perspectiva,* etcétera.

trailer. En el lenguaje cinematográfico, úsese *avance*; en el de los transportes, *remolque.*

transcurso de. Es abusivo decir: «*en el transcurso de* la conferencia, el orador se refirió...»; dígase *durante* o *en* la conferencia.

transgredir. Es verbo defectivo. Sólo se usan las formas verbales cuyas desinencias empiecen por *i.*

traspiés. Es el plural de *traspié,* resbalón o tropezón. No confundirlo con *contrapié,* voz que, aunque no figura en el DRAE, significa *zancadilla.*

traumar. Escríbase *traumatizar.* El participio es *traumatizado.*

traveller's cheques. Tradúzcase por *cheques de viaje.*

travestido. No *travestí.* Verbo *travestirse.*

tregua y **alto el fuego.** Toda *tregua* lleva implícito el *alto el fuego,* por tanto, es una redundancia decir: «firmaron una *tregua* y *alto el fuego*».

trianual. Es algo que ocurre tres veces al año, no confundir con *trienal,* que es lo que se produce cada tres años.

tropa. Conjunto de soldados que están a las órdenes de un Gobierno. No equivale, por tanto, a *soldado,* ya que es un nombre colectivo, aunque admita plural. Es una barbaridad escribir: «Se acordó el envío de 30.000 tropas a Yugoslavia».

tutorado. Es un disparate su uso por *tutelado. Tutorar* es poner rodrigones a las plantas.

U

ultimátum. Su plural es *los ultimátum*. Puede castellanizarse como *ultimato, ultimatos.*

ultra. Este prefijo debe formar una sola palabra con la que modifica: *ultra*nacionalista, *ultra*secreto.

un. Conviene evitar el empleo anglicado del artículo indefinido delante de un nombre que complemente a otro en aposición: «el general X, *un* reconocido estratega, decidió...». Tampoco debe anteponerse a nombres de profesiones si éstos no llevan complementos: «su padre es *un* pintor»; pero es correcto: «su padre es *un* pintor excelente».

una vez que. Equivale a *después de que.*

Unesco. Organismo especializado de las Naciones Unidas. Escríbase con minúsculas, excepto la inicial.

Unicef. Como en el caso de la Unesco, escríbase con minúsculas, excepto la inicial.

unísono (al). No significa *a la vez*, sino *sin discrepancia, con unanimidad.*

urbi et orbi. No *urbi et orbe.*

urgir. No puede llevar sujeto personal. De ahí el error de frases como «los sindicatos *urgen* al Gobierno para que modifique las leyes de contratación». En estos casos utilícese *instar, solicitar, apremiar, encarecer, exhortar, acuciar, incitar, dar prisa, reclamar.*

usual. No equivale exactamente a *normal* o *frecuente.*

V

valorar. No debe decirse «*valorar* algo» o «dar su *valoración* sobre algo», en lugar de *opinar* sobre algo, dar su *opinión* sobre algo, *estimar, analizar, estudiar*, etcétera.

valorar positiva o negativamente. Evítese siempre en favor de *aprobar, manifestar su acuerdo, mostrar conformidad, estimar satisfactorio*, etc.; o *rechazar, reprobar, manifestar su desacuerdo, mostrar disconformidad, estimar insatisfactorio*, etcétera. Recuérdese, además, lo absurdo de hacer una «valoración negativa».

vatio. Unidad de medida eléctrica. Su símbolo es W, sin punto a continuación.

vegetales. El empleo de esta palabra con el sentido de *verduras* es un anglicismo.

vehicular. Proscríbase el empleo de este verbo como sinónimo de *canalizar* o *encauzar.*

venir de + infinitivo. Con el significado de *acabar de* es un galicismo.

venir + participio. Con el significado de *estar* o *ser* + participio es un italianismo.

veredicto. Es, fundamentalmente, la «definición de un hecho dictada por un jurado». No debe desplazar al *fallo* o *sentencia,* que ordena un juez tras recibir el *veredicto* cuando existe jurado.

vergonzante, vergonzoso. No confundirlos. *Vergonzante* es que tiene vergüenza; *vergonzoso,* que produce vergüenza.

vermut. Plural *vermús.*

versátil. Significa «de genio o carácter voluble e inconstante». Posee, pues, un valor peyorativo que desconocen quienes aplican este adjetivo como elogio: «es tan *versátil* que canta, baila y declama con igual perfección». En su lugar pueden emplearse muchas veces *dúctil, polifacético, capaz,* etcétera.

versus. Latinismo que nos llega del inglés y que no tiene por qué sustituir a *contra.*

vertir. No existe. Es *verter.*

vía. Este sustantivo se usa a menudo como preposición para indicar *por, con escala en, pasando por:* «Madrid-Londres, *vía* París». Escríbase siempre *por.*

vice. Este prefijo es inseparable en español. No debe usarse con guión: *vicepresidente.*

vídeo. No *video.* Sus compuestos no llevan tilde.

Vietnam. Utilícese siempre en singular: «los dos Vietnam...».

virulento. Significa «ponzoñoso, maligno», «con podre»; y hablando de estilos, discursos o escritos, «ardiente, sañudo, ponzoñoso o mordaz en sumo grado». No equivale, pues, a *violento.*

visa. Escríbase siempre *visado.*

visceral. Galicismo aceptable, pero que no debe desplazar a *irracional, profundo, incontenible, incontrolable,* etc.

visionar. Escríbase *ver, asistir a la proyección, revisar,* según corresponda.

voleibol. Prefiérase *balonvolea.*

Y

yanqui. Su plural es *yanquis.*

yen. Plural *yenes* (moneda japonesa).

Z

zinc. Prefiérase esta grafía (plural, *zinces*) a *cinc,* también correcta.

Apéndices prácticos

Orden protocolario en ABC de la Familia Real

En todas las informaciones referidas a la Familia Real se observará el orden siguiente en la mención de las personas o en la ordenación de las reseñas respectivas:

Casa Real

S. M. el Rey.
S. M. la Reina.
S. A. R. el Príncipe de Asturias.
S. A. R. Doña María de las Mercedes de Borbón-Dos Sicilias y de Orleáns, Condesa de Barcelona.
S. A. R. la Infanta Doña Elena.
S. A. R. la Infanta Doña Cristina.
S. A. R. Don Carlos de Borbón-Dos Sicilias y de Borbón-Parma, Duque de Calabria.

Hermanas del Rey

S. A. R. la Infanta Doña María del Pilar de Borbón y de Borbón-Dos Sicilias, Duquesa de Badajoz.
S. A. R. la Infanta Doña Margarita de Borbón y de Borbón-Dos Sicilias, Duquesa de Soria.

Tíos del Rey

Doña Beatriz de Borbón y Battenberg.
Doña María Cristina de Borbón y Battenberg.
Doña Dolores de Borbón-Dos Sicilias y de Orleáns.

S. A. R. Doña María de la Esperanza de Borbón-Dos Sicilias y de Orleáns, Princesa de las Dos Sicilias.

S. A. R. Doña Alicia de Borbón-Parma, Princesa de la Casa de Borbón y Parma.

Don Álvaro de Orleáns y de Sajonia-Coburgo-Gotha, Duque de Galliera.

Orden protocolario de las dignidades nobiliarias

Caballeros del Toisón de Oro.

Títulos del Reino con Grandeza de España

(Excelentísimos señores)

Duques.
Marqueses.
Condes.
Vizcondes.
Barones.
Señores.
Grandezas de España sin título.
Grandezas de España personales.
Títulos extranjeros con Grandeza de España.

Títulos del Reino sin Grandeza

(Ilustrísimos señores)

Marqueses.
Condes.
Vizcondes.
Barones.
Señores.

Títulos extranjeros

(Señores)

Príncipes.
Duques.

Marqueses.
Condes.
Barones.

(Para el empleo correcto de los títulos véase el apartado «Títulos y tratamientos».)

Reyes: la línea dinástica española

La Monarquía española es la más antigua de las reinantes hoy en Europa y la segunda del mundo, tras la del Japón. Esta relación de los monarcas que integran la línea dinástica española evitará comprobaciones e indagaciones en fuentes a menudo dispersas. Se consignan los años de duración de cada reinado.

1. Bermudo I de Cantabria, Rey de Asturias (788-791), padre de
2. Ramiro I, Rey de Asturias (842-850), padre de
3. Ordoño I, Rey de Asturias (850-866), padre de
4. Alfonso III, Rey de Asturias (866-910), padre de
5. Ordoño II, Rey de León (910-924), padre de
6. Ramiro II, Rey de León (930-950), padre de
7. Ordoño III, Rey de León (950-955), padre de
8. Bermudo II, Rey de León (984-999), padre de
9. Alfonso V, Rey de León (999-1027), padre de
10. Sancha, Reina de León (1037-1065), casada con Fernando I de Castilla, padres de
11. Alfonso VI, Rey de Castilla y de León (1065-1109), padre de
12. Urraca I, Reina de Castilla y de León (1109-1116), casada con Raimundo de Borgoña, padres de
13. Alfonso VII, Emperador y Rey de Castilla y de León (1126-1157), padre de
14. Fernando II, Rey de León (1157-1188), padre de
15. Alfonso IX, Rey de León (1188-1230), padre de
16. Fernando III, Rey de Castilla y de León (Rey de Castilla, 1217-1252; Rey de León, 1230-1252), padre de
17. Alfonso X, Rey de Castilla y de León (1252-1284), padre de
18. Sancho IV, Rey de Castilla y de León (1284-1295), padre de
19. Fernando IV, Rey de Castilla y de León (1295-1312), padre de
20. Alfonso XI, Rey de Castilla y de León (1312-1350), padre de
21. Enrique II, Rey de Castilla y de León (1369-1379), padre de

22. Juan I, Rey de Castilla y de León (1379-1390), padre de
23. Enrique II, Rey de Castilla y de León (1390-1406), padre de
24. Juan II, Rey de Castilla y de León (1406-1454), padre de
25. Isabel I, Reina de Castilla y de León (1474-1504), casada con Fernando II de Aragón, padres de
26. Juana I de España, casada con Felipe de Austria, padres de
27. Carlos I (1516-1556), padre de
28. Felipe II (1556-1598), padre de
29. Felipe III (1598-1621), padre de
30. Felipe IV (1621-1665), padre de
31. María Teresa, Infanta de España, casada con Luis XIV de Francia, padres de
32. Luis (de Borbón), Delfín de Francia, padre de
33. Felipe V (1701-1746), padre de
34. Carlos III (1759-1788), padre de
35. Carlos IV (1788-1808), padre de
36. Fernando VII (1808-1808) (1814-1833), padre de
37. Isabel II (Regencia 1833-1843) (Reinado 1843-1868), casada con el Infante don Francisco de Asís de Borbón, padres de
38. Alfonso XII (1875-1885), padre de
39. Alfonso XIII (Regencia 1886-1902) (Reinado 1902-1931), padre de
40. Juan, Conde de Barcelona, padre de
41. Juan Carlos I (1975-

Orden de precedencia de las autoridades en los actos oficiales

El Real Decreto de 4 de agosto de 1983 establece la precedencia de autoridades en los actos oficiales organizados por la Corona, el Gobierno o la Administración del Estado. En Madrid, en su condición de capital del Estado y sede de las instituciones, regirá la precedencia siguiente:

— Rey o Reina.
— Reina consorte o Consorte de la Reina.
— Príncipe o Princesa de Asturias.
— Infantes de España.
— Presidente del Gobierno.
— Presidente del Congreso de los Diputados.
— Presidente del Senado.
— Presidente del Tribunal Constitucional.
— Presidente del Consejo General del Poder Judicial.
— Vicepresidentes del Gobierno, según su orden.

— Ministros del Gobierno, según su orden:

    — Ministro de Asuntos Exteriores.
    — Ministro de Justicia.
    — Ministro de Defensa.
    — Ministro de Economía y Hacienda.
    — Ministro del Interior.
    — Ministro de Obras Públicas y Urbanismo.
    — Ministro de Educación y Ciencia.
    — Ministro de Trabajo y Seguridad Social.
    — Ministro de Industria y Energía.
    — Ministro de Agricultura, Pesca y Alimentación.
    — Ministro de la Presidencia.
    — Ministro de Transportes, Turismo y Comunicaciones.

- Ministro de Cultura.
- Ministro de Administración Territorial.
- Ministro de Sanidad y Consumo.
- Ministro de Asuntos Sociales.
- Ministro Portavoz del Gobierno.

- Decano del Cuerpo Diplomático y embajadores extranjeros acreditados en España.
- Ex presidentes del Gobierno.
- Presidentes de los Consejos de Gobierno de las Comunidades autónomas, según su orden.
- Jefe de la oposición.
- Alcalde de Madrid.
- Jefe de la Casa de Su Majestad el Rey.
- Presidente del Consejo de Estado.
- Presidente del Tribunal de Cuentas.
- Fiscal General del Estado.
- Defensor del Pueblo.
- Secretarios de Estado, según su orden, y presidentes de la Junta de Jefes de Estado Mayor y jefes de Estado Mayor de los Ejércitos de Tierra, Mar y Aire.
- Vicepresidentes de las Mesas del Congreso de los Diputados y del Senado, según su orden.
- Delegado del Gobierno en la Comunidad autónoma de Madrid.
- Capitán general de la Primera Región Militar, almirante jefe de la Jurisdicción Central de Marina y teniente general jefe de la Primera Región Aérea.
- Jefe del Cuarto Militar y secretario general de la Casa de Su Majestad el Rey.
- Subsecretarios y asimilados, según su orden.
- Secretarios de las Mesas del Congreso de los Diputados y del Senado, según su orden.
- Presidente de la Asamblea Legislativa de la Comunidad autónoma de Madrid.
- Encargados de Negocios extranjeros acreditados en España.
- Presidente del Instituto de España.
- Jefe de protocolo del Estado.
- Directores generales y asimilados, según su orden.
- Consejeros de gobierno de la Comunidad autónoma de Madrid.
- Miembros de la Mesa de la Asamblea Legislativa de la Comunidad autónoma de Madrid.
- Presidente y fiscal del Tribunal Superior de Justicia de la Comunidad autónoma de Madrid.
- Diputados y senadores por Madrid.

- Rectores de las Universidades con sede en Madrid, según su antigüedad de la Universidad.
- Gobernador militar de Madrid.
- Tenientes de alcalde del Ayuntamiento de Madrid.

Orden de precedencia de las autoridades en los actos oficiales celebrados en las Comunidades autónomas

Si los actos se celebraran en el territorio propio de una Comunidad autónoma figurarán las siguientes autoridades:

- Rey o Reina.
- Reina consorte o Consorte de la Reina.
- Príncipe o Princesa de Asturias.
- Infantes de España.
- Presidente del Gobierno.
- Presidente del Congreso de los Diputados.
- Presidente del Senado.
- Presidente del Tribunal Constitucional.
- Presidente del Consejo General del Poder Judicial.
- Vicepresidentes del Gobierno, según su orden.
- Presidente del Consejo de Gobierno de la Comunidad autónoma.
- Ministros del Gobierno, según su orden.
- Decano del Cuerpo Diplomático y embajadores extranjeros acreditados en España.
- Ex presidentes del Gobierno.
- Presidentes de los Consejos de Gobierno de otras Comunidades autónomas.
- Jefe de la oposición.
- Presidente de la Asamblea Legislativa de la Comunidad autónoma.
- Delegado del Gobierno en la Comunidad autónoma.
- Alcalde del municipio del lugar.
- Jefe de la Casa de Su Majestad el Rey.
- Presidente del Consejo de Estado.
- Presidente del Tribunal de Cuentas.
- Fiscal general del Estado.
- Defensor del Pueblo.
- Secretarios de Estado, según su orden, y presidente de la Junta de Jefes de Estado Mayor y jefes de Estado Mayor de los Ejércitos de Tierra, Mar y Aire.
- Vicepresidentes de las Mesas del Congreso de los Diputados y del Senado, según su orden.
- Presidente del Consejo Supremo de Justicia Militar.
- Capitán general de la Región Militar. Capitán general y comandante gene-

ral de la zona marítima, jefe de la región o zona aérea y comandante general de la flota, según su orden.
- Jefe del Cuarto Militar y secretario general de la Casa de Su Majestad el Rey.
- Consejeros de gobierno de la Comunidad autónoma, según su orden.
- Miembros de la Mesa de la Asamblea Legislativa de la Comunidad autónoma.
- Presidente y fiscal del Tribunal Superior de Justicia de la Comunidad autónoma.
- Subsecretarios y asimilados, según su orden.
- Secretarios de las Mesas del Congreso de los Diputados y del Senado, según su orden.
- Encargados de Negocios extranjeros acreditados en España.
- Presidente del Instituto de España.
- Jefe de protocolo del Estado.
- Gobernador civil de la provincia donde se celebre el acto.
- Presidente de la Diputación Provincial, Mancomunidad o Cabildo Insular.
- Directores generales y asimilados, según su orden.
- Diputados y senadores por la provincia donde se celebre el acto.
- Rectores de Universidad en cuyo distrito tenga lugar el acto, según la antigüedad de la Universidad.
- Delegado insular del Gobierno en su territorio.
- Presidente de la Audiencia Territorial o Provincial.
- Gobernador militar y jefes de los sectores naval y aéreo.
- Tenientes de alcalde del Ayuntamiento del lugar.
- Comandante militar de la plaza, comandante o ayudante militar de Marina y autoridad aérea local.
- Representantes consulares extranjeros.

Orden de las instituciones y Corporaciones en los actos oficiales

Si el acto se celebra en Madrid, en su condición de capital del Estado y sede de las instituciones, regirá el orden siguiente:

- Gobierno de la nación.
- Cuerpo Diplomático acreditado en España.
- Mesa del Congreso de los Diputados.
- Mesa del Senado.
- Tribunal Constitucional.
- Consejo General del Poder Judicial.
- Tribunal Supremo.
- Consejo de Estado.
- Tribunal de Cuentas.

- Presidencia del Gobierno.
- Ministerios, según su orden.
- Instituto de España y Reales Academias.
- Consejo de Gobierno de la Comunidad autónoma de Madrid.
- Asamblea Legislativa de la Comunidad autónoma de Madrid.
- Tribunal Superior de Justicia de Madrid.
- Ayuntamiento de Madrid.
- Claustro universitario.

***En los actos celebrados en el territorio
de una Comunidad autónoma, el orden será:***

- Gobierno de la nación.
- Cuerpo Diplomático acreditado en España.
- Consejo de Gobierno de la Comunidad autónoma.
- Mesa del Congreso de los Diputados.
- Mesa del Senado.
- Tribunal Constitucional.
- Consejo General del Poder Judicial.
- Tribunal Supremo de Justicia.
- Asamblea Legislativa de la Comunidad autónoma.
- Consejo de Estado.
- Tribunal de Cuentas.
- Tribunal Superior de Justicia de la Comunidad autónoma.
- Ayuntamiento de la localidad.
- Presidencia del Gobierno.
- Ministerio, según su orden.
- Consejerías de Gobierno de la Comunidad autónoma, según su orden.
- Instituto de España y Reales Academias.
- Gobierno Civil de la provincia.
- Diputación Provincial, Mancomunidad o Cabildo Insular.
- Audiencia Territorial o Provincial.
- Claustro universitario.
- Representaciones consulares extranjeras.

Topónimos vernáculos
y su correspondencia en castellano

NOMBRE VERNÁCULO	NOMBRE CASTELLANO
A Coruña	Coruña, La (La Coruña)
A Guarda	La Guardia (Pontevedra)
A Gudiña	Gudiña, La (Orense)
Alaior	Alayor (Menorca)
Alacant	Alicante (Alicante)
Alas i Cerc	Alas-Serch (Lérida)
Alberic	Alberique (Valencia)
Albocàsser	Albocácer (Castellón)
Alcalà de Xivert	Alcalá de Chivert (Castellón)
Alcántara de Xuquer	Alcántara de Júcar (Valencia)
Alcoi	Alcoy (Alicante)
Alegría-Dulantzi	Alegría (Álava)
Almassora	Almazora (Castellón)
Alzira	Alcira (Valencia)
Aneu, Vall d'	Aneo, Valle de (Lérida)
Anteiglesia de S. Esteban de Etxebarri	Echevarri (Vizcaya)
Aramaio	Aramayona (Álava)
Arantzazu	Aránzazu (Vizcaya)
Baiona	Bayona (Pontevedra)
Bakio	Baquio (Vizcaya)
Banyalbufar	Bañalbufar (Mallorca)
Banyeres	Bañeres (Alicante)
Banyoles	Bañolas (Gerona)
Barakaldo	Baracaldo (Vizcaya)
Begur	Bagur (Gerona)
Benassal	Benasal (Castellón)

NOMBRE VERNÁCULO	NOMBRE CASTELLANO
Beniçassim	Benicasim (Castellón)
Bellaguarda	Pobla de la Granadella (Lérida)
Bergara	Vergara (Gipúzcoa)
Betxi	Bechi (Castellón)
Bicorb	Bicorp (Valencia)
Bilbo	Bilbao (Vizcaya)
Bolibar	Bolívar (Vizcaya)
Borriana	Burriana (Castellón)
Burjassot	Burjasot (Valencia)
Cabassers	Cabaces (Tarragona)
Campllong	Campllonch (Gerona)
Caldes d'Estrac	Caldas de Estrach (Barcelona)
Caldes de Malavella	Caldas de Malavella (Gerona)
Caldes de Montbui	Caldas de Montbuy (Barcelona)
Calp	Calpe (Alicante)
Cangues d'Onís	Cangas de Onís (Asturias)
Castellfollit de Ruibregós	Castellfullit (Barcelona)
Castelló de la Plana	Castellón de la Plana (Castellón)
Castelló d'Empuries	Castelló de Ampurias (Gerona)
Casu	Caso (Asturias)
Cercs	Serchs (Barcelona)
Ciutadella	Ciudadela (Menorca)
Coma i la Pedra	Pedra y Coma (Lérida)
Cuideiru	Cudillero (Asturias)
Deba	Deva (Gipúzcoa)
Deià	Deyá (Mallorca)
Donostia	San Sebastián (Guipúzcoa)
Eilao	Illano (Asturias)
Eivissa	Ibiza (Ibiza)
Elx	Elche (Alicante)
Empúries	Ampurias (Gerona)
Errenteria	Rentería (Gipúzcoa)
Etxebarri-Doneztebeko Elizetea	Echevarri (Vizcaya)
Ezkio-Itsaso	Ezquioga-Ichaso (Guipúzcoa)

NOMBRE VERNÁCULO	NOMBRE CASTELLANO
Ferreríes	Fererrías (Menorca)
Figueres	Figueras (Gerona)
Fisterra	Finisterre (La Coruña)
Font de la Figuera	Fuente la Higuera (Valencia)
Galdakao	Galdácano (Vizcaya)
Gasteiz	Vitoria (Álava)
Guernika-Lumo	Guernica y Lumo (Vizcaya)
Getaria	Guetaria (Gipúzcoa)
Getxo	Guecho (Vizcaya)
Girona	Gerona (Gerona)
Grao	Grado (Asturias)
Hondarribia	Fuenterrabía (Gipúzcoa)
Horta de Sant Joan	Horta de San Juan (Tarragona)
Iruña	Pamplona (Navarra)
La Jonquera	Junquera, La (Gerona)
L'Alcora	Alcora (Castellón)
L'Arboc	Arbós (Tarragona)
La Sénia	La Cenia (Tarragona)
La Seu d'Urgell	Seo de Urgell (Lérida)
La Vall de Tavernes	Tabernes de Valldigna (Valencia)
La Vila Joiosa	Villajoyosa (Alicante)
Laxe	Laje (La Coruña)
Legutiano	Villarreal de Álava (Álava)
Lekeitio	Lequeitio (Vizcaya)
Lenitz Gatzaga	Salinas de Leniz (Gipúzcoa)
Les Borges Blanques	Borjas Blancas (Lérida)
Les Regueres	Regueras, Las (Asturias)
Llangréu	Langreo (Asturias)
Llaviana	Laviana (Asturias)
Lleida	Lérida (Lérida)
Llena	Lena (Asturias)

NOMBRE VERNÁCULO	NOMBRE CASTELLANO
Llíria	Liria (Valencia)
Lluçá	Llussá (Barcelona)
Llucena	Lucena del Cid (Castellón)
Llucmajor	Lluchmayor (Mallorca)
Maó	Mahón (Menorca)
Marganell	Sta. Cecilia de Montserrat (Barna.)
Markina Xemein	Marquina (Vizcaya)
Moiá	Moyá (Barcelona)
Monnòver	Monóvar (Alicante)
Monterrei	Monterrey (Orense)
Mora d'Ebre	Mora de Ebro (Tarragona)
Mundaka	Mundaca (Vizcaya)
Mutriku	Motrico (Guipúzcoa)
Muxia	Mugía (La Coruña)
Noia	Noya (La Coruña)
O Bolo	Bollo, El (Orense)
Oia	Oya (Pontevedra)
Oiartzun	Oyarzun (Gipúzcoa)
Okondo	Oquendo (Álava)
Onati	Oñate (Gipúzcoa)
Ontinyent	Onteniente (Valencia)
Ordes	Órdenes (La Coruña)
Ourense	Orense (Orense)
Palas de Rei	Palas de Rey (Lugo)
Panxón	Panjón (Pontevedra)
Pezós	Pesoz (Asturias)
Platja d'Aro	Playa de Aro (Gerona)
Plentzia	Plencia (Vizcaya)
Pollença	Pollensa (Mallorca)
Pontedeume	Puentedeume (La Coruña)
Portinaix	Portinatx (Ibiza)

NOMBRE VERNÁCULO	NOMBRE CASTELLANO
Queralbs	Caralps (Gerona)
Rianxo	Rianjo (La Coruña)
Ribera d'Adirra, La	Ribera de Arriba (Asturias)
Ribes de Fresser	Ribas de Freser (Gerona)
Ribesella	Ribadesella (Asturias)
Sa Pobla	La Puebla (Mallorca)
S'Arenal	Arenal, El (Mallorca)
Sagunt	Sagunto (Valencia)
Samartín del Rei Aurelio	San Martín del Rey Aurelio (Asturias)
Samartín d'Oscos	San Martín de Oscos (Asturias)
San Julián de Muzkiz	San Julián de Musques (Vizcaya)
Sant Antoni	San Antonio Abad (Ibiza)
Sant Boi de Lluçanès	San Baudilio de Llusanés (Barcelona)
Sant Carles de la Ràpita	San Carlos de la Rápita (Tarragona)
Sant Celoni	San Celoni (Barcelona)
Sant Cristófol o Migjorn Gran	San Cristóbal (Menorca)
Sant Esperit	Sancti Espíritu (Valencia)
Sant Joan de les Abadesses	San Juan de las Abadesas (Gerona)
Sant Llorenç de Morunys	San Lorenzo de Morunys (Lérida)
Sant Lluís	San Luis (Menorca)
Sant Martí Sarroca	San Martín Sarroca (Barcelona)
Sant Martí Sesgueioles	San Martín Sasgayolas (Barcelona)
Sant Mateu	San Mateo (Castellón)
Sant Pere de Roda	San Pedro de Roda (Gerona)
Sant Quirze de Besora	San Quirico de Besora (Barcelona)
Sant Sadurní d'Anoia	San Sadurní de Noya (Barcelona)
Santa Llogaia d'Alguema	Santa Leocadia de Algama (Gerona)
Santalla d'Oscos	Santa Eulalia de Oscos (Asturias)
Santanyi	Santañy (Mallorca)
Santirso d'Abres	San Tirso de Abres (Asturias)
Santurzi	Santurce (Vizcaya)
Sanxenxo	Sangenjo (Pontevedra)
Sariegu	Sariego (Asturias)
Sentiu de Sió, La	Asentiú (Lérida)
Ses Salines	Las Salinas (Ibiza)
Seu d'Urgell	Seo de Urgel (Lérida)
Sobresobiu	Sobrescobio (Asturias)

NOMBRE VERNÁCULO	NOMBRE CASTELLANO
Sorita	Zorita (Castellón)
Sotu'l Barcu	Soto del Barco (Asturias)
Teberga	Teverga (Asturias)
Terrasa	Tarrasa (Barcelona)
Tui	Tuy (Pontevedra)
Uviéu	Oviedo (Asturias)
Valdés	Luarca (Asturias)
Valmaseda	Balmaseda (Vizcaya)
Vallbona de les Monges	Vallbona de las Monjas (Lérida)
Valldemossa	Valldemosa (Mallorca)
Vallfogona de Ripollès	San Julián de Vallfogona (Gerona)
Veiga d'Eo	Vegadeo (Asturias)
Viana do Bolo	Viana del Bollo (Orense)
Vilalba	Villalba (Lugo)
Vilafamés	Villafamés (Castellón)
Vilagarcía de Aurosa	Villagarcía de Arosa (Pontevedra)
Vilanova de Aurosa	Villanueva de Arosa (Pontevedra)
Vilanova d'Oscos	Villanueva de Oscos (Asturias)
Vila-real	Villarreal de los Infantes (Castellón)
Vinaròs	Vinaroz (Castellón)
Viveiro	Vivero (Lugo)
Xábia	Jávea (Alicante)
Xàtiva	Játiva (Valencia)
Xinzo de Limia	Ginzo de Limia (Orense)
Xixón	Gijón (Asturias)
Xixona	Jijona (Alicante)
Zalduondo	Zalduendo de Álava (Álava)
Zarautz	Zarauz (Gipúzcoa)
Zeberio	Ceberio (Vizcaya)
Zenarruza	Cenarruza (Vizcaya)

Topónimos extranjeros

NOMBRE ORIGINAL	NOMBRE CASTELLANO
Aachen	Aquisgrán (Alemania)
Aalst	Alost (Bélgica)
Aare (río)	Aar (Suiza)
Aargau (cantón)	Argovia (Suiza)
Abidjan	Abiyán (Costa de Marfil)
Adige (río)	Adigio (Italia)
Aix-la-Chapelle	Aquisgrán (Alemania)
Ajaccio	Ajacio (Francia)
Alemtejo	Alentejo (Portugal)
Alessandria	Alejandría (Italia)
Alfiós (río)	Alfeo (Grecia)
Alsace	Alsacia (Francia)
Angoulême	Angulema (Francia)
Antakya	Antioquía (Turquía)
Antwerpen	Amberes (Bélgica)
Anvers	Amberes (Bélgica)
Ardennes (bosque)	Ardenas (Francia)
Arkhangelsk	Arcángel (Rusia)
Assisi	Asís (Italia)
Athinai	Atenas (Grecia)
Augsburg	Augsburgo (Alemania)
Auvergne	Auvernia (Francia)
Avignon	Aviñón (Francia)
Bâle	Basilea (Suiza)
Banat (región)	Banato (Rumanía)
Basel/Basle	Basilea (Suiza)
Bayern/Bavaria	Baviera (Alemania)
Bayonne	Bayona (Francia)

NOMBRE ORIGINAL	NOMBRE CASTELLANO
België/Belgique	Bélgica
Belize	Belice
Beograd	Belgrado (Yugoslavia)
Bern/Berne	Berna (Suiza)
Bethelehem	Belén (Israel)
Beyrouth	Beirut (Líbano)
Bialogard	Belgard (Polonia)
Boden See	Lago de Constanza (Alemania)
Böhmen	Bohemia (Alemania)
Bologna	Bolonia (Italia)
Bordeaux	Burdeos (Francia)
Botswana	Botsuana
Bougie	Bugía (Argelia)
Boulogne	Boloña (Francia)
Bourgogne	Borgoña (Francia)
Brabant (prov.)	Brabante (Holanda)
Brandenburg	Brandemburgo (Alemania)
Braunschweig	Brunswick (Alemania)
Bremen	Brema (Alemania)
Bretagne (prov.)	Bretaña (Francia)
Brno	Brunn (República Checa)
Brugge/Bruges	Brujas (Bélgica)
Bruxelles	Bruselas (Bélgica)
Bucaresti	Bucarest (Rumanía)
Bulgarija	Bulgaria
Burma	Birmania
Cagliari	Cáller (Italia)
Cambodia	Camboya (actual Kampuchea)
Carcassonne	Carcasona (Francia)
Cayenne	Cayena (Guayana francesa)
Cerignola	Ceriñola (Italia)
Ceskoslovensko	Checoslovaquia
Cetinaje	Cetinia o Cetina (Yugoslavia)
Ceylon	Ceilán (actual Sri Lanka)
Cognac	Coñac (Francia)
Constanta	Constanza (Rumanía)
Cornwall	Cornualles (Inglaterra)
Corse (isla)	Córcega (Francia)
Crisul Alb. (río)	Crisul Blanco (Rumanía)

NOMBRE ORIGINAL	NOMBRE CASTELLANO
Crisul Negru (río)	Crisul Negro (Rumanía)
Cyprus	Chipre
Champagne	Champaña (Francia)
Channell (islas del)	Canal, islas del (Gran Bretaña)
Cherbourg	Cherburgo (Francia)
Chernovtsy	Cernauti (Ucrania)
Chur	Coira (Suiza)
Dalmacija (región)	Dalmacia (Croacia y Bosnia)
Danmark	Dinamarca
Dauphiné	Delfinado (Francia)
Den Haag	La Haya (Holanda)
Deutschland	Alemania
Dismashq	Damasco (Siria)
Djerba	Jerba (Argelia)
Djibouti	Yibuti
Dnepr (río)	Dniéper (URSS)
Dnestr (río)	Dniéster (Ucrania)
Donau/Duna/Dunav/Dunarea	Danubio (Austria)
Dordogne (río)	Dordoña (Francia)
Douro (río)	Duero (Portugal)
Drava (río)	Drau (Austria, Hungría, Yugoslavia)
Dresden	Dresde (Alemania)
Dubrovnik	Ragusa (Croacia)
Durrës	Durazzo (Albania)
Edinburgh/Edimbourg	Edimburgo (Gran Bretaña)
Eesti	Estonia
Eire	Irlanda
Elbe (río)	Elba (República Checa, Alemania)
England	Inglaterra
Escaut/Schelde (río)	Escalda (Francia, Bélgica, Holanda)
Evvoia	Eubea (Grecia)
Falkland	Malvinas (islas)
Fidji	Fiji
Finland	Finlandia

NOMBRE ORIGINAL	NOMBRE CASTELLANO
Firenze	Florencia (Italia)
Foeröerne (islas)	Feroe (Dinamarca)
France	Francia
Frankfurt	Francfort (Alemania)
Fribourg/Freiburg	Friburgo (Suiza)
Friesland (prov.)	Frisia (Holanda)
Fyn (isla)	Fionia (Dinamarca)
Gand	Gante (Bélgica)
Garonne (río)	Garona (Francia)
Gascogne (prov.)	Gascuña (Francia)
Gdańsk	Danzig (Polonia)
Gelibolu	Gallípoli (Turquía)
Geneve	Ginebra (Suiza)
Gent	Gante (Bélgica)
Gizeh	Giza (Egipto)
Gjindraster	Argirocastro (Albania)
Good Hope, Cape of	Cabo Buena Esperanza (Sudáfrica)
Göteborg	Gotemburgo (Suecia)
Göttingen	Gotinga (Alemania)
Graubünden (cantón)	Grisones (Suiza)
Gravenhage	La Haya (Holanda)
Grenada	Granada (isla)
Groningen	Groninga (Holanda)
Guyenne (prov.)	Guyena (Francia)
Haag, Den	La Haya (Holanda)
Hamburg	Hamburgo (Alemania)
Hawaii	Hawai (arch.)
Hebrides (islas)	Hébridas (Gran Bretaña)
Helsingfors	Helsinki (Finlandia)
Hessen	Hesse (Alemania)
Hokkaido	Yeso (Japón)
Houshu	Hondo (Japón)
Ile de France	Isla de Francia (Francia)
Ireland	Irlanda
Irish Sea	Mar de Irlanda

NOMBRE ORIGINAL	NOMBRE CASTELLANO
Isfahán	Ispahán (Irán)
Island	Islandia
Istanbul	Estambul (Turquía)
Izmir	Esmirna (Turquía)
Jiddah	Yida (Arabia Saudí)
Jugoslavija	Yugoslavia
Jylland	Jutlandia (Dinamarca)
Karjaa	Karis (Finlandia)
Karnten (prov.)	Carintia (Austria)
Karpathos (isla)	Escarpanto (Grecia)
Khartoum	Jartún (Sudán)
Kashmir	Cachemira (India/Pakistán)
Kefallinia	Cefalonia (Grecia)
Kérkira	Corfú (Grecia)
Key West	Cayo Hueso (EE.UU.)
Kikládhes (islas)	Cícladas (Grecia)
Kiparissía (golfo)	Arcadia (Grecia)
Kirá Panayrá (isla)	Pélagos (Grecia)
Kithira (isla)	Cerigo o Citerea (Grecia)
Kiyev	Kiev (Ucrania)
Klaipèda	Memel (Lituania)
Kleve	Cléveris (Alemania)
Köbenhavn	Copenhague (Dinamarca)
Koblenz	Coblenza (Alemania)
Köln	Colonia (Alemania)
Konstanz	Constanza (Alemania)
Kórinthos	Corinto (Grecia)
Koweit	Kuwait
Krakow	Cracovia (Polonia)
Kriti (isla)	Creta (Grecia)
Krujë	Cruja (Albania)
Krym	Crimea (Ucrania)
Kyoto	Kioto (Japón)
Labe (río)	Elba (Alemania)
Ladozhskoye Ozero (lago)	Ladoga (Rusia)

NOMBRE ORIGINAL	NOMBRE CASTELLANO
La Havre	El Havre (Francia)
Landes	Las Landas (Francia)
Land's End (cabo)	Finisterre (Inglaterra)
Lapland	Laponia
Latvia	Letonia
Lausanne	Lausana (Suiza)
La Valetta	La Valeta (Malta)
Lazio (región)	Lacio (Italia)
Leningrad	San Petersburgo (Rusia)
Lesvos	Lesbos (Grecia)
Leuven	Lovaina (Bélgica)
Liège	Lieja (Bélgica)
Lietuva	Lituania
Ligure (mar)	Liguria (Córcega, Italia)
Lille	Lila (Francia)
Limburg	Limburgo (Bélgica)
Livorno	Liorna (Italia)
Ljubljana	Liubliana (Eslovenia)
Loire	Loira (Francia)
London	Londres (Inglaterra)
Lorraine	Lorena (Francia)
Louisiana	Luisiana (Estados Unidos)
Louvain	Lovaina (Bélgica)
Luxembourg	Luxemburgo
Luzern/Lucerne	Lucerna (Suiza)
Lyonnais (prov.)	Lionesado (Francia)
Madinah	Medina (Arabia Saudí)
Magdeburg	Magdeburgo (Alemania)
Main (río)	Meno (Alemania)
Mainz	Maguncia (Alemania)
Makedonija (reg.)	Macedonia (Yugoslavia)
Makkah	La Meca (Arabia Saudí)
Maloggia	Maloja (Suiza)
Mantova	Mantua (Italia)
Marrakech	Marraquech (Marruecos)
Marseille	Marsella (Francia)
Martinique (isla)	Martinica
Mauritius	Mauricio
Meknés	Mequínez (Marruecos)

NOMBRE ORIGINAL	NOMBRE CASTELLANO
Mers-el-Kebir	Mazalquivir (Argelia)
Messina	Mesina (Italia)
Milano	Milán (Italia)
Minho (río)	Miño (Portugal)
Mississippi (río)	Misisipí (EE.UU.)
Missouri (río)	Misuri (EE.UU.)
Moselle (río)	Mosela (Francia, Luxemb., Alem.)
Moskva/Moscow/Moscou	Moscú (Rusia)
München	Munich (Alemania)
Napoli	Nápoles (Italia)
Narbonne	Narbona (Francia)
Navpaktos	Lepanto (Grecia)
N'Djamena	Yamena (Chad)
Nederland	Holanda
Nemunas (río)	Niemen (Bielorrusia y Lituania)
Newfoundland	Terranova (Canadá)
New Jersey	Nueva Jersey (EE.UU.)
New Mexico	Nuevo México (EE.UU.)
New Orleans	Nueva Orleáns (EE.UU.)
New South Wales	Nueva Gales del Sur (Australia)
New York	Nueva York (EE.UU.)
New Zealand	Nueva Zelanda
Nice	Niza (Francia)
Niederlansitz	Baja Lusacia (Alemania, Polonia)
Niedersachsen	Baja Sajonia (Alemania)
Nijmegen	Nimega (Holanda)
Nivernais (prov.)	Nivernesado (Francia)
Norge	Noruega
Normandie	Normandía (Francia)
North Carolina	Carolina del Norte (EE.UU.)
Nouakchott	Nuakchot (Mauritania)
Nova Scotia	Nueva Escocia (Canadá)
Nürnberg	Nuremberg (Alemania)
Nyassaland	Niasalandia (hoy, Malawi)
Oberlausitz	Alta Lusacia (Alemania, Polonia)
Oestende	Ostende (Bélgica)
Onezhskaye Ozero (lago)	Onega (Rusia)

NOMBRE ORIGINAL	NOMBRE CASTELLANO
Orkney (islas)	Orcadas (Gran Bretaña)
Osterreich	Austria
Ouagadougou	Uagadugú (Burkina Faso)
Oujda	Uchda (Marruecos)
Padova	Padua (Italia)
Palagruza (isla)	Pelagosa (Yugoslavia)
Pantelleria (isla)	Pantelaria (Italia)
Parnassós (monte)	Parnaso (Grecia)
Pendelikon (monte)	Pentélico (Grecia)
Pennsylvania	Pensilvania (EE.UU.)
Perpignan	Perpiñán (Francia)
Perugia	Perusa (Italia)
Philadelphia	Filadelfia (EE.UU.)
Philippines	Filipinas
Picardie (prov.)	Picardía (Francia)
Piemonte (reg.)	Piamonte (Italia)
Piraievs	Pireo (Grecia)
Plzen	Pilsen (República Checa)
Polska	Polonia
Ponziane (islas)	Pontinas (Italia)
Port-au-Prince	Puerto Príncipe (Haití)
Porto	Oporto (Portugal)
Porto Empedocle	Puerto Empédocles (Sicilia, Italia)
Praha	Praga (República Checa)
Pressburg	Bratislava (Eslovaquia)
Provence	Provenza (Francia)
Puglia (reg.)	Apulia (Italia)
Punjab	Punyab (India)
Pyrénées	Pirineos (Francia)
Ravenna	Rávena (Italia)
Regensburg	Ratisbona (Alemania)
Rhein (río)	Rhin (Alemania)
Rhône (río)	Ródano (Suiza)
Riesengebirge (montes)	Gigantes (Rep. Checa, Polonia)
Riyadh	Riad (Arabia Saudí)
Rodhos	Rodas (Grecia)
Rominia o România	Rumanía o Rumania

NOMBRE ORIGINAL	NOMBRE CASTELLANO
Rossiya	Rusia
Rouen	Ruán (Francia)
Roussillon	Rosellón (Francia)
Rwanda	Ruanda
Saar, Saarland	Sarre (Alemania)
Sachsen	Sajonia (Alemania)
Saida	Sidón (Líbano)
Salzburg	Salzburgo (Austria)
Samarkand	Samarcanda (Uzbekistán)
Samothraki	Samotracia (Grecia)
Saône (río)	Saona (Francia)
Sardegna	Cerdeña (Italia)
Savoie	Saboya (Francia)
Schelde (río)	Escalda (Bélgica)
Schwarzwald	Selva Negra (Alemania)
Scotland	Escocia (Gran Bretaña)
Seine (río)	Sena (Francia)
S'Gravenhage	La Haya (Holanda)
Shgiperi	Albania
Singapore	Singapur
Slovenija	Eslovenia
Slovensko (reg.)	Eslovaquia
Sofiya	Sofía (Bulgaria)
South Carolina	Carolina del Sur (EE.UU.)
Sparti	Esparta (Grecia)
Srbija	Serbia (Yugoslavia)
St. Quentin	San Quintín (Francia)
Steiermark (prov.)	Estiria (Austria)
Stockholm	Estocolmo (Suecia)
Storavan (lago)	Gran Lago (Suecia)
Strasbourg	Estrasburgo (Francia)
Suisse, Svizzera o Schweiz	Suiza
Suomi	Finlandia
Sverige	Suecia
Svetac (isla)	Santa Andrea (Yugoslavia)
Swazilandia	Suazilandia (U. Sudafricana)
Tarablos	Trípoli (Libia)
Taranto	Tarento (Italia)

NOMBRE ORIGINAL	NOMBRE CASTELLANO
Tbilisi	Tiflis (Georgia)
Tchad	Chad
Tejo (río)	Tajo (Portugal)
Thames (río)	Támesis (Gran Bretaña)
Thessaloniki	Salónica (Grecia)
Thivai	Tebas (Grecia)
Thurgau	Turgovia (Suiza)
Ticino (río)	Tesino (Suiza)
Tilburg	Tilburgo (Holanda)
Tirane	Tirana (Albania)
Torino	Turín (Italia)
Toulon	Tolón (Francia)
Toulouse	Tolosa (Francia)
Trier	Tréveris (Alemania)
Tübingen	Tubinga (Alemania)
Turkiye	Turquía
Vaasa	Vasa (Finlandia)
Venezia	Venecia (Italia)
Versailles	Versalles (Francia)
Vesuvio	Vesubio (Italia)
Vlaanderen Oost (prov.)	Flandes Oriental (Bélgica)
Vlaanderen West (prov.)	Flandes Occidental (Bélgica)
Vlissingen	Flesinga (Holanda)
Wales	Gales (Gran Bretaña)
Warszawa	Varsovia (Polonia)
Westfalen	Westfalia (Alemania)
Wien	Viena (Austria)
Wisla (río)	Vístula (Polonia)
Wroclaw	Breslau (Polonia)
Würtzburg	Wurzburgo (Alemania)
Zakinthos	Zante (Grecia)
Zeeland	Zelandia (Holanda)
Zimbabwe	Zimbabue

Gentilicios españoles

Muchos gentilicios españoles, por su irregularidad o escaso uso, plantean dudas al periodista. He aquí una relación que puede ser de utilidad:

Adra (Almería): abderitano.
Albacete: albacetense, albaceteño.
Albox (Almería): albojense.
Alcalá de Henares (Madrid): complutense, alcalaíno.
Alcázar de San Juan (Ciudad Real): alcaceño.
Algete (Madrid): algetaño.
Almazora (Castellón): almazorino.
Alora (Málaga): aloreño.
Alsasua (Navarra): alsasuano.
Andújar (Jaén): andujareño, iliturgitano.
Ansó (valle de, Huesca): ansotano.
Aoiz (Navarra): aoisco.
Aracena (Huelva): arundense.
Aranda de Duero (Burgos): arandino.
Arcos de la Frontera (Cádiz): arcobricense, arqueño.
Arganda (Madrid): argandeño.
Astorga (León): astorgano, asturicense.
Ávila: abulense, avilense.

Badajoz: pacense, badajocense.
Baeza (Jaén): baezano, bastetano.
Benavente (Zamora): benaventano.
Benicarló (Castellón): benicarlando, benicarlonense.
Benidorm (Alicante): benidormense.
Betanzos (Coruña): brigantino.
Bierzo (León): berciano.
Blanes (Gerona): blandense.
Brihuega (Guadalajara): briocense, brihuego.
Burgos: burgalés.

Cádiz: gaditano.
Calahorra (Logroño): calahorrano, calagurritano.
Calatayud (Zaragoza): bilbilitano.
Caspe (Zaragoza): caspolino.
Castro Urdiales (Santander): castreño.
Castrogériz (Burgos): castreño.
Ceuta: ceutí.
Ciudad Real: ciudadrealeño.
Ciudad Rodrigo (Salamanca): mirobrigense.
Coca (Segovia): caucense.
Consuegra (Toledo): consaburense.
Covarrubias (Burgos): covarrubiano.
Cuenca: conquense.

Cheste (Valencia): chestaino.

Dalias (Almería): dalieño.
Denia (Alicante): dianense.
Deusto (Vizcaya): deustuano.
Deva (Guipúzcoa): devarés.
Don Benito (Badajoz): dombenitense.
Dueñas (Palencia): aldanense.

Éibar (Guipúzcoa): eibarrés.
Elche (Alicante): ilicitano.
Escorial, El (Madrid): escurialense.

Felanitx (Baleares): felanigense.
Feria (Badajoz): corito.
Flix (Tarragona): fleixense.
Foz (Lugo): focense.
Fuengirola (Málaga): fuengiroleño.

Gandía (Valencia): gandiense.
Gerona: gerundense.
Getafe (Madrid): getafense, getafeño.
Ginzo de Limia (Orense): limico.
Guadalajara: guadalajareño.
Guadix (Granada): accitano.
Guardamar (Alicante): guardamarenco.

Haro (Logroño): harense.
Huelva: onubense.
Huesca: oscense.

Ibiza (Baleares): ibicenco.
Icod (Canarias): icodero.
Igualada (Barcelona): igualadino.
Inca (Baleares): inquero.

Jaca (Huesca): jaqués, jacetano.
Jaén: jiennense.
Játiva (Valencia): jativés, setabense.

Leganés (Madrid): leganense.
Leiza (Navarra): leizano.
Lérida: ilerdense, leridano.
Liébana (Cantabria): lebaniego.
Linares (Jaén): linarense.
Lorca (Murcia): lorquino.
Lucena (Córdoba): lucentino, elisano.
Lugo: lucense.

Llanes (Oviedo): llanisco.

Manzanares (Ciudad Real): manzanareño.
Marchena (Sevilla): marchenero.
Martos (Jaén): marteño, tuccitano.
Mataró (Barcelona): mataronés.
Menorca (Baleares): menorquín.
Mérida (Badajoz): emeritense.
Mojácar (Almería): mojaquero.
Monzón (Huesca): montisonense.
Mora (Toledo): moracho.
Morella (Castellón): bisgargitano, morellano.

Nerja (Málaga): nerjeño.

Olite (Navarra): olitero.
Olivenza (Badajoz): oliventino.
Olot (Gerona): olotense.
Onteniente (Valencia): onteniense.
Orgaz (Toledo): orgaceño.
Orihuela (Alicante): orcelitano, oriolano.
Oviedo: ovetense.

Palma (Baleares): palmesano.
Palmas, Las (Canarias): palmense.
Pardo, El (Madrid): pardeño.

Pasajes (Guipúzcoa): pasaitarra.
Peñíscola (Castellón): peñiscolano.
Piedrafita del Cebrero (Lugo): cebreirego.
Pinto (Madrid): pintense, pinteño.
Plasencia (Cáceres): placentino.
Pola de Lena (Oviedo): lenense.
Pollensa (Baleares): pollensín.
Ponferrada (León): ponferradino.
Potes (Cantabria): lebaniego.
Puerto de Santa María (Cádiz): porteño.

Quintanar de la Orden (Toledo): quintanareño.

Reus (Tarragona): reusense.
Ribadesella (Oviedo): riosellano.
Ronda (Málaga): rondeño, arundense.

Salamanca: salmantino.
San Feliú de Guíxols: guixolense.
San Sebastián: donostiarra.
San Vicente de la Barquera (Cantabria): evenciano.
Sangüesa (Navarra): sangüesino.
Santa Cruz de la Palma (Canarias): palmero.
Santa Cruz de Mudela (Ciudad Real): santacruceño.
Santander: santanderino.
Santiago de Compostela (Coruña): santiagués, compostelano.
Santo Domingo de la Calzada (Rioja): calceatense.
Segorbe (Castellón): segorbino, segobricense.
Seo de Urgel, La (Lérida): urgelense.
Sigüenza (Guadalajara): seguntino.
Simancas (Valladolid): simanquino.
Sitges (Barcelona): sitgesano, suburense.
Sos (Zaragoza): sopicón.

Tarazona (Zaragoza): turiasonense.
Tarragona: tarraconense.
Tarrasa (Barcelona): egarense, tarrasense.
Tenerife (Canarias): tinerfeño.
Teruel: turolense.
Tineo (Oviedo): tinetense.
Toboso, El (Toledo): toboseño, tobosino.
Toro (Zamora): toresano.
Torrelavega (Cantabria): torrelavegano, torrelaveguense.
Tortosa (Tarragona): tortosino, dertosense.

Trujillo (Cáceres): trujillano.
Túy (Pontevedra): tudense.

Úbeda (Jaén): ubetense.
Uclés (Cuenca): ucleseño.

Valdepeñas (Ciudad Real): valdepeñero.
Valladolid: vallisoletano.
Vejer de la Frontera (Cádiz): vejeriego.
Vélez-Blanco (Almería): egetano, velezano.
Vélez-Málaga (Málaga): veleño.
Vélez-Rubio (Almería): egetano, velezano.
Vera (Almería): veratense.
Vich (Barcelona): vicense, vigitano.
Villalar (Valladolid): villarino.
Villena (Alicante): vigerrense, villenense.
Vitoria (Álava): vitoriano.

Yanguas (Segovia): yangüés.

Zarauz (Guipúzcoa): zarauzano.

Aeronatos: los nacidos en un avión en vuelo.
Naonatos: los nacidos en una embarcación que navega.

Gentilicios extranjeros

He aquí los principales gentilicios aplicables a los naturales de los distintos países, así como los de algunas regiones y ciudades extranjeras importantes:

Afganistán: afgano.
Albania: albanés, albano.
Alejandría (Egipto): alejandrino.
Alemania: alemán.
Algarve (Portugal): algarabío.
Amberes (Bélgica): antuerpiense.
Angola: angoleño.
Arabia Saudí: saudí.
Arezzo (Italia): aretino.
Argelia: argelino.
Argentina: argentino.
Armenia: armenio.
Artois (Francia): artesiano.
Aruba: arubeño.
Australia: australiano.
Austria: austríaco.
Azerbaiyán: azerbaiyano.

Bahamas: bahamense, bahameño, bahamés.
Bahrein: bahreini.
Bangladesh: bengalí.
Basilea (Suiza): basiliense, basilense.
Baviera (Alemania): bávaro.
Belén (Israel): betlemita.
Belice, beliceño.
Benín: beninés, aboense.
Berbería (África): bereber, berebere.
Bérgamo (Italia): bergamasco.

Bermudas: de Bermudas.
Berna (Suiza): bernés.
Bielorrusia: bielorruso.
Birmania: birmano.
Bogotá (Colombia): bogotano.
Bolivia: boliviano.
Bolonia (Italia): boloñés.
Borgoña (Francia): borgoñón.
Bosnia-Herzegovina: bosnio.
Botsuana: botsuanés, botsuano.
Braga (Portugal): bracarense.
Brasil: brasileño.
Bretaña (Francia): bretón.
Bruselas (Bélgica): bruselense.
Buenos Aires (Argentina): bonaerense, porteño.
Bulgaria: búlgaro.
Burdeos (Francia): bordelés.
Burkina Faso: de Burkina Faso.
Burundi: burundiano, burundés.
Bután: butanés.

Cabo Verde: caboverdiano.
Camboya: camboyano.
Camerún: camerunés.
Canadá: canadiense.
Ceilán: cingalés.
Cerdeña (Italia): sardo.
Coímbra (Portugal): conimbricense.
Colombia: colombiano.
Comoras: comorano.
Congo: congoleño.
Constantinopla (Turquía): constantinopolitano.
Córcega (Francia): corso.
Corinto (Grecia): corintio.
Costa de Marfil: marfilense, marfileño.
Costa Rica: costarricense.
Croacia: croata.
Cuba: cubano.
Curaçao: curazoleño.

Chad: chadiano, chadí.
Checoslovaquia: checoslovaco, no checo.
Chesnania: checo.
Chile: chileno.

China: chino.
Chipre: chipriota.

Damasco (Siria): damasceno.
Dinamarca: danés.
Dominica: de Dominica.

Ecuador: ecuatoriano.
Egipto: egipcio.
El Salvador: salvadoreño.
Emiratos Árabes Unidos: de los Emiratos Árabes Unidos.
Eslovaquia: eslovaco.
Eslovenia: esloveno.
España: español.
Estados Unidos: estadounidense.
Estonia: estoniano.
Etiopía: etíope.

Fiji: fijiano.
Filipinas: filipino.
Finlandia: finés, finlandés.
Florencia (Italia): florentino.
Florida (EE.UU.): floridiano.
Francia: francés.

Gabón: gabonés.
Gaeta (Italia): gaetano.
Gambia: gambiano.
Gante (Bélgica): gantés.
Georgia: georgiano.
Ghana: ghanés.
Ginebra (Suiza): ginebrino.
Granada (Estado de las Antillas): granadense.
Grecia: griego.
Groenlandia: groenlandés.
Guadalupe: guadalupeño.
Guatemala: guatemalteco.
Guayana Francesa: de la Guayana Francesa.
Guinea: guineo.
Guinea Ecuatorial: guineano, ecuatoguineano.
Guyana: guyanés.

Haití: haitiano.
Hamburgo (Alemania): hamburgués.

Holanda: holandés (Países Bajos, neerlandés).
Honduras: hondureño.
Hungría: húngaro.

India: indio (no hindú).
Indonesia: indonesio.
Irak: iraquí.
Irán: iraní.
Islandia: islandés.
Islas Caimán: de las islas Caimán (no caimanes).
Islas Malvinas: malvinense.
Islas Vírgenes: de las Islas Vírgenes.
Israel: israelí (no israelita).
Italia: italiano.

Jamaica: jamaiquino, jamaicano.
Japón: japonés, nipón.
Jerusalén (Israel): jerosolimitano.
Jordania: jordano.

Kazajstán: kazako.
Kenya: keniano.
Kirguizia: kirguizio.
Kiribati: kiribatiano.
Kurdistán (Asia): kurdo.
Kuwait: kuwaití.

La Habana (Cuba): habanero.
La Paz (Bolivia): paceño.
Lesoto: de Lesoto, basuto.
Letonia: letón.
Líbano: libanés.
Liberia: liberiano.
Libia: libio.
Liechtenstein: de Liechtenstein, liechtenstiano.
Limoges (Francia): lemosín.
Lisboa (Portugal): lisboeta.
Lituania: lituano.
Londres (Gran Bretaña): londinense.
Lovaina (Bélgica): lovaniense.
Luxemburgo: luxemburgués.
Lyon (Francia): lionés.

Madagascar: malgache.
Maguncia (Alemania): maguntino.
Malasia: malasio, malayo.
Malawi: malaviano, malaví.
Maldivas: maldivo.
Malí: maliense.
Malta: maltés, maltense.
Mantua (Italia): mantuano.
Marruecos: marroquí.
Marsella (Francia): marsellés.
Martinica: de Martinica o martiniqueño.
Mauricio: mauriciano.
Mauritania: mauritano.
México: mexicano.
Moldavia: moldavo.
Mónaco: monegasco.
Mongolia: mongol.
Montevideo (Uruguay): montevideano.
Mozambique: mozambiqueño.

Nepal: nepalés.
Nicaragua: nicaragüense.
Níger: nigerino.
Nigeria: nigeriano.
Niza (Francia): nizardo
Noruega: noruego.
Nueva Zelanda: neozelandés.

Omán: omaní.
Oxford (Inglaterra): oxoniense

Pakistán: paquistaní.
Panamá: panameño.
Papúa Nueva Guinea: papuano, papú.
Paraguay: paraguayo.
París (Francia): parisiense, parisino.
Parma (Italia): parmesano.
Perú: peruano.
Polonia: polaco.
Portugal: portugués.
Puerto Rico: puertorriqueño.

Qatar: de Qatar, qatarí.
Quito (Ecuador): quiteño.

Reims (Francia): remense.
Reino Unido de Gran Bretaña e Irlanda del Norte: británico.
República Árabe del Yemen (Yemen): yemení.
República Centroafricana: centroafricano.
República de Corea: surcoreano.
República Dominicana: dominicano.
República Popular Democrática de Corea: norcoreano.
República Popular Democrática de Laos: lao (un lao, los lao).
Río de Janeiro (Brasil): carioca, fluminense.
Rodas (Grecia): rodio.
Rotterdam (Holanda): roterodamense.
Ruán (Francia): roanés.
Ruanda: ruandés.
Rumanía: rumano.
Rusia: ruso.

Samoa: samoano.
San Marino: sanmarinense.
Santa Sede: de la Santa Sede, vaticano.
Santiago de Chile: santiaguino.
Santo Tomé y Príncipe: santomense.
Senegal: senegalés.
Serbia: serbio.
Seychelles: de Seychelles.
Sierra Leona: sierraleonés.
Singapur: singapurense.
Siria: sirio.
Somalia: somalí.
Sri Lanka: srilanqués, cingalés.
Suazilandia: suazi.
Sudáfrica: surafricano.
Sudán: sudanés.
Suecia: sueco.
Suiza: suizo.
Surinam: surinamés.

Tadyikistán: tadyko.
Tailandia: tailandés.
Tanzania: tanzano.
Texas: texano
Togo: togolés.
Tolón (Francia): tolonés.
Tours (Francia): turonense.
Trento (Italia): tridentino.

Trieste (Italia): triestino.
Trinidad y Tobago: de Trinidad y Tobago, trinitario.
Túnez: tunecino.
Turkmenistán: turkmenio.
Turquía: turco.

Ucrania: ucranio, ucraniano.
Uganda: ugandés.
Uruguay: uruguayo.
Uzbekistán: uzbeko.

Venezuela: venezolano.
Vietnam: vietnamita.

Westfalia (Alemania): vestfaliano.

Yibuti: de Yibuti.
Yucatán (México): yucateco.
Yugoslavia: yugoslavo.

Zaire: zaireño, zairense.
Zambia: zambiano.
Zimbabue: zimbabuense, zimabuo.

Siglas y abreviaturas

Ofrecemos en esta relación el significado de las siglas más usuales. No obstante, el redactor deberá estar atento a las nuevas que a diario invaden las páginas de los periódicos.

ABC: American Broadcasting Corporation (Corporación Norteamericana de Radiodifusión).

ABM: Anti-Ballistic Missile (misil antibalístico).

ACAN: Agencia Centroamericana de Noticias.

ACE: Allied Command in Europe (Mando Aliado en Europa), de la OTAN.

ACR: Alta Comisaría para Refugiados. (Véase UNHCR.)

ACUDE: Asociación de Consumidores y Usuarios de España.

ADA: Ayuda del Automovilista (España).

ADECU: Asociación para la Defensa de los Consumidores y Usuarios (España).

ADELPHA: Asociación para la Defensa Ecológica y del Patrimonio Histórico-Artístico (España).

ADENA: Asociación para la Defensa de la Naturaleza (España).

ADN: Ácido desoxirribonucleico (en inglés DNA).

AEB: Asociación Española de la Banca privada.

AEC: Atomic Energy Commission (Comisión de Energía Atómica) (EE.UU.).

AECI: Agencia Española de Cooperación Internacional.

AEDE: Asociación de Editores de Diarios Españoles.

AEDENAT: Asociación Ecologista de Defensa de la Naturaleza.

AEE: Agencia Europea del Espacio (en inglés, ESA).

AFANIAS: Asociación de Familias con Niños y Adultos Subnormales (España).

AFHQ: Allied Forces Headquarter (Cuartel General de las Fuerzas Aliadas).

AFP: Agence France-Presse (Agencia de Prensa Francesa).

AFRO: Activos Financieros con Retención en Origen.

AI: Amnistía Internacional.

AICBM: Anti-Intercontinental Ballistic Missile (Antimisil intercontinental).

AID: Agency for International Development (Organismo para el Desarrollo Internacional) (EE.UU.).

AIEA: Agencia Internacional de Energía Atómica.

ALADI: Asociación Latinoamericana de Integración.

ALALC: Asociación Latinoamericana de Libre Comercio, sustituida por la ALADI.

AMDG: *Ad Majorem Dei Gloriam* (A la mayor gloria de Dios).

ANA: Arab News Agency (Agencia de Noticias Árabe).

ANAFE: Asociación Nacional de Árbitros de Fútbol Españoles.

ANELE: Asociación Nacional de Editores de Libros de Enseñanza (España).

ANF: Atlantic Nuclear Force (Fuerza Nuclear Atlántica: FNA).

ANFAC: Asociación Nacional de Fabricantes de Automóviles y Camiones (España).

ANPE: Asociación Nacional de Profesorado Estatal de EGB (España).

ANSEA: Association des Nations du Sud-Est Asiatique (también, ASEAN).

AP: Associated Press (Prensa Asociada). Alianza Popular (España).

APA: Asociación de Padres de Alumnos (España).

APETI: Asociación Profesional Española de Traductores e Intérpretes.

APG: Asamblea Popular Gallega.

API: Asociación de la Prensa Internacional (Bruselas).

APIE: Agrupación de Periodistas de Información Económica (España).

APIL: Agrupación de Periodistas de Información Laboral (España).

ARAMCO: Arabian American Oil Company (Compañía Arabonorteamericana de Petróleos).

ARDE: Alianza Revolucionaria Democrática (Nicaragua).

ARN: Ácido ribonucleico (en inglés, RNA).

ASEPEYO: Asistencia Sanitaria Económica para Empleados y Obreros (España).

ASPLA: Asociación Sindical de Pilotos de Líneas Aéreas (España).

ASTANO: Astilleros y Talleres del Noroeste, S. A. (España).

ATS: Ayudante Técnico Sanitario.

AVE: (Tren de) Alta Velocidad Español.

AVIACO: Aviación y Comercio, S. A. (España).

AVIANCA: Aerovías Nacionales de Colombia, S. A.

AWACS: Airborne Warning and Control System (Sistema Aerotransportado de Control y Alerta).

BBC: British Broadcasting Corporation (Compañía Británica de Radiodifusión).

BIDA: Bureau International des Droits d'Auteur (Oficina Internacional de Derechos de Autor).

BIH: Bureau International de l'Heure (Oficina Internacional de la Hora).

BIPM: Bureau International des Poids et Mesures (Oficina Internacional de Pesas y Medidas. París).

BIRD: Banco Internacional para la Reconstrucción y el Desarrollo.
BOE: Boletín Oficial del Estado (también llamado «Gaceta de Madrid»).
BUP: Bachillerato Unificado y Polivalente (España). British United Press (Prensa Unida Británica).

CAD: Computer Aided Design (Diseño Asistido por Computador: DAC).
CAE: Computer Aided Engineering (Ingeniería Asistida por Computador).
CAFTA: Central American Free Trade Association (Asociación de Libre Comercio Centroamericano).
CAM: Computer Aided Manufacturing (Fabricación asistida por Computador).
CAMPSA: Compañía Arrendataria del Monopolio de Petróleos, S. A. España (también «Campsa»).
CASA: Construcciones Aeronáuticas, S. A. (España).
CAT: Comisaría de Abastecimientos y Transportes (España).
CBS: Columbia Broadcasting System, Inc. (emisora de radio y televisión de los Estados Unidos).
CC: Cuerpo Consular. Comité Central.
CCC: Consejo de Cooperación Cultural, del Consejo de Europa (Estrasburgo).
CD: Cuerpo Diplomático.
CDN: Centro Dramático Nacional (España).
CDS: Centro Democrático Social (España).
CE: Comunidad Europea.
CEA: Confederación Europea de la Agricultura. Comisariado para la Energía Atómica (Francia). Compañía Ecuatoriana de Aviación.
CEAPA: Confederación Española de Asociaciones de Padres de Alumnos.
CEC: Círculo de Escritores Cinematográficos (España).
CECA: Comunidad Europea del Carbón y del Acero (Luxemburgo). Confederación Española de Cajas de Ahorro.
CEDADE: Círculo Español de Amigos de Europa.
CEE: Centro de Estudios de la Energía (España). Comunidad Económica Europea. Confederación Empresarial Española. (Véase CEOE.)
CEI: Comunidad de Estados Independientes (antigua URSS).
CEIM: Confederación Empresarial Independiente de Madrid (España).
CELAM: Consejo Episcopal Latinoamericano.
CEOE: Confederación Española de Organizaciones Empresariales.
CEPAL: Comisión Económica de las Naciones Unidas para América Latina.
CEPSA: Compañía Española de Petróleos, S.A.
CESC: Conferencia Europea de Seguridad y Cooperación.
CETME: Centro de Estudios Técnicos de Materiales Especiales (España).
CEU: Centro de Estudios Universitarios (España).
CGPJ: Consejo General del Poder Judicial (España).
CGT: Confederación General de Trabajadores.
CIA: Central Intelligence Agency (Servicio Central de Información). (EE.UU.)

CICR: Comité Internacional de la Cruz Roja (Ginebra).

CIF: Código de Identificación Fiscal (España).

CIME: Comité Intergubernamental para las Migraciones Europeas (Bruselas).

CIR: Centro de Instrucción de Reclutas (España).

CIU: Convergència (Democrática de Catalunya) i Unió (Democrática de Catalunya).

CMT: Confederación Mundial del Trabajo.

CMEA: Council for Mutual Economic Assistance (CAME). (Consejo de Asistencia Económica Mutua).

CNAG: Confederación Nacional de Agricultores y Ganaderos (España).

CNMV: Comisión Nacional del Mercado de Valores (España).

CNT: Confederación Nacional del Trabajo (España).

COAG: Coordinadora de Agricultores y Ganaderos (España).

CODECA: Corporación de Desarrollo Económico del Caribe. Confederación de Estados Centroamericanos.

COE: Comité Olímpico Español. Compañía de Operaciones Especiales (España).

COI: Comité Olímpico Internacional.

CONCA: Confederación Nacional de Cámaras Agrarias (España).

CONFEDEN: Confederación de Federaciones Deportivas Nacionales (España).

COPE: Cadena de Ondas Populares Españolas.

COPLACO: Comisión de Planeamiento y Coordinación del Área Metropolitana de Madrid.

COPYME: Confederación de la Pequeña y Mediana Empresa (España).

COU: Curso de Orientación Universitaria (España).

CRS: Compañías Republicanas de Seguridad (Francia).

CS: Consejo de Seguridad de la ONU.

CSCE: Conferencia sobre la Seguridad y la Cooperación en Europa.

CSIC: Consejo Superior de Investigaciones Científicas (España).

CSN: Consejo de Seguridad Nuclear (España).

CSP: Cuerpo Superior de Policía (España).

CSPM: Consejo Superior de Protección de Menores (España).

CTNE: Compañía Telefónica Nacional de España.

DF: Distrito Federal.

DGS: Dirección General de Seguridad (España); actualmente, DSE.

DGT: Dirección General de Tráfico (España).

DIU: Dispositivo Intrauterino (anticonceptivos).

DM: Deutsche Mark (marco alemán).

DNEF: Delegación Nacional de Eduación Física y Deportes (España).

DNI: Documento Nacional de Identidad (España).

DOMUND: Domingo Mundial de Propagación de la Fe.

DPA: Deutsche Presse Agentur (Agencia de Prensa Alemana).

DRAE: Diccionario de la Real Academia Española.
DSE: Dirección de la Seguridad del Estado (España).

EA: Eusko Alkartasuna (España).
EAU: Emiratos Árabes Unidos.
EBB: Euskadi Buru Batzar (Consejo Nacional del PNV).
EC: Esquerra de Catalunya (Izquierda de Cataluña).
ECU: European Currency Unit (unidad de cuenta europea).
EE: Euskadiko Ezkerra (Izquierda de Euskadi).
EEM: Escuela de Estado Mayor (España).
EE. UU.: Estados Unidos.
EFTA: European Free Trade Association (Asociación Europea de Libre Comercio).
EG: Esquerda Galega (Izquierda Gallega).
EGB: Educación General Básica (España).
EGM: Estudio General de Medios (España).
EM: Estado Mayor.
EMCF: European Monetary Cooperation Fund (Fondo Europeo de Cooperación Monetaria).
EME: Estado Mayor del Ejército.
EMF: European Monetary Fund (Fondo Monetario Europeo).
EMT: Empresa Municipal de Transportes (Madrid).
EMU: European Economic and Monetary Union (Unión Europea Económica y Monetaria).
ENAGAS: Empresa Nacional de Gas (España).
ENASA: Empresa Nacional de Autocamiones (España).
ENEA: European Nuclear Energy Agency (Agencia Europea para la Energía Nuclear).
ENP: Empresa Nacional del Petróleo (España).
ENPETROL: Empresa Nacional de Petróleos (España).
ENSIDESA: Empresa Nacional Siderúrgica (España).
ENV: Esquerra Nacionalista Valenciana (Izquierda Nacionalista Valenciana).
ERC: Esquerra Republicana de Catalunya (Izquierda Republicana de Cataluña).
ERT: Explosivos Río Tinto (España).
ESA: European Space Agency (Agencia Espacial Europea).
ETA: Euskadi ta Askatasuna (Patria Vasca y Libertad).
ETS: Escuelas Técnicas Superiores (España).
EURATOM (CEEA): Comunidad Europea de la Energía Atómica.
EUROVISIÓN: Unión Europea de Radiodifusión (European Broadcasting Union: EBU).

FAD: Fomento de las Artes Decorativas, Barcelona.
FAI: Federación Astronáutica Internacional. Federación Anarquista Ibérica (España).

FAL: Frente Árabe de Liberación; de la OLP.

FAO: United Nations Food and Agricultural Organization (Organización de las Naciones Unidas para la Agricultura y la Alimentación).

FARC: Fuerzas Armadas Revolucionarias Colombianas.

FBI: Federal Bureau of Investigación (Oficina Federal de Investigación) (EE. UU.).

FC: Ferrocarril. Fútbol Club.

FDN: Fuerzas Democráticas Nicaragüenses.

FE: Falange Española.

FEA: Falange Española Auténtica. Federación Española de Automovilismo. Federación Española de Atletismo.

FECSA: Fuerzas Eléctricas de Cataluña, S. A.

FED: Fondo Europeo de Desarrollo.

FEF: Federación Española de Fútbol; también RFEF.

FE-JONS: Falange Española de las JONS (España).

FEMSA: Fábrica Española de Magnetos, S. A.

FENOSA: Fuerzas Eléctricas del Noroeste, S. A. (España).

FET: Falange Española Tradicionalista (España).

FEVE: Ferrocarriles de Vía Estrecha (España).

FGS: Fondo de Garantía Salarial.

FIAP: Federación Iberoamericana de Asociaciones de la Prensa.

FIAT: Fabrica Italiana Automobili Torino (Fábrica Italiana de Automóviles de Turín).

FIB: Feria Internacional de Barcelona (antes FOIM).

FIBA: Fédération Internationale de Basketball Amateur (Federación Internacional de Baloncesto Amateur), Ginebra. Fédération Internationale de Boxe Amateur (Federación Internacional de Boxeo Amateur).

FIEP: Federación Internacional de Educación Física (Bruselas).

FIFA: Federación Internacional de Fútbol Asociación (París).

FIJ: Fédération Internationale des Journalistes (Federación Internacional de Periodistas).

FIT: Federación Internacional de Traductores (París).

FITUR: Feria Internacional del Turismo.

FLS: Frente de Liberación Sandinista (Nicaragua).

FM: Frequency Modulation (Modulación de frecuencia).

FMI: Fondo Monetario Internacional.

FMLN: Frente Farabundo Martí para la Liberación Nacional (El Salvador).

FN: Fuerza Naval.

FNAPE: Federación Nacional de Asociaciones de Prensa de España.

FNU: Fuerzas de las Naciones Unidas.

FOB: Free on board (libre de gastos a bordo).

FOE: Friends of Earth Federation (Federación de Amigos de la Tierra).

FOP: Fuerzas de Orden Público (España).

FORATOM: Fórum Atómico Europeo (París).

FORPPA: Fondo de Ordenación y Regulación de Productos y Precios Agrícolas (España).
FS: Franco suizo (unidad monetaria).
FSLN: Frente Sandinista de Liberación Nacional (Nicaragua).
FUNDES: Fundación de Estudios de Sociología (España).

GAL: Grupos Antiterroristas de Liberación (España).
GATT: General Agreement on Trade and Tariffs (Acuerdo General sobre Aranceles Aduaneros y Comercio).
GB: Great Britain (Gran Bretaña).
GEO: Grupos Especiales de Operaciones (de la Policía Nacional), España.
GM: General Motors (EE. UU.).
GMC: General Motors Corporation.
GMT: Greenwich Mean Time (hora media de Greenwich).
GRAPO: Grupos de Resistencia Antifascista Primero de Octubre (España).
GULAG: (gulag) Dirección General de Campos de Concentración (antigua URSS).

HB: Herri Batasuna (Unidad Popular), España.
HEC: Hidroeléctrica de Cataluña, S. A.
HF: High Frequency (Alta Frecuencia).
HI-FI: High Fidelity (alta fidelidad. También hi-fi).
HISPANOIL: Hispánica de Petróleos (España).
HQ: Headquarters (Cuartel General).
HUNOSA: Empresa Nacional Hullera del Norte, S. A. (España).

IAA: International Advertising Association (Asociación Internacional de Publicidad).
IAEA: Véase OIEA.
IAF: International Astronautical Federation (Federación Astronáutica Internacional). International Automobile Federation (Federación Internacional del Automóvil).
IB: Iberia. Líneas Aéreas de España, S.A.
IBA: International Boxing Association (Asociación Internacional de Boxeo).
IBM: International Business Machines (EE.UU.). Intercontinental Ballistic Missile.
ICADE: Instituto Católico de Alta Dirección de Empresas (España).
ICAI: Instituto Católico de Artes e Industrias (España).
ICAO: International Civil Aviation Organization (Organización de Aviación Civil Internacional). (Véase OACI.)
ICBM: Intercontinental Ballistic Missile (misil balístico intercontinental).
ICE: Instituto de Ciencias de la Educación (España).
ICEM: véase CIME.

ICI: Instituto de Cooperación Iberoamericana (España).

ICO: Instituto de Crédito Oficial (España).

ICONA: Instituto Nacional para la Conservación de la Naturaleza (España).

ICPO: International Criminal Police Organization (Organización Internacional de Policía Criminal: OIPC) (más conocida por Interpol) (Viena).

ICR: Intergovernmental Committee of Refugees (Comité Intergubernamental para los Refugiados), también IGCR.

IDI: Instituto de Derecho Internacional.

IDO: Instituto de Denominaciones de Origen (de los vinos españoles), España.

IEAL: Instituto de Estudios de la Administración Local (España).

IEE: Instituto de Estudios Económicos (España).

IFEMA: Institución Ferial de Madrid.

IGME: Instituto Geográfico y Minero de España.

IHAC: Instituto Hispanoárabe de Cultura (España).

IHS: Desde 1534, emblema de la Compañía de Jesús. También, IHC y JHS.

ILT: Incapacidad Laboral Transitoria.

IMPE: Instituto de la Mediana y Pequeña Empresa (España).

IMPI: Instituto de la Mediana y Pequeña Industria (España).

INAP: Instituto Nacional de la Administración Pública (España).

INC: Instituto Nacional de Consumo (España).

INDO: Instituto Nacional de Denominaciones de Origen de los Vinos Españoles (España).

INDUBÁN: Banco de Financiación Industrial (España).

INE: Instituto Nacional de Estadística (España).

INEE: Instituto Nacional de Educación Espacial (España).

INEF: Instituto Nacional de Educación Física (España).

INEM: Instituto Nacional de Empleo (España).

INFE: Instituto Nacional de Fomento de la Exportación (España).

INH: Instituto Nacional de Hidrocarburos (España).

INI: Instituto Nacional de Industria (España).

INLE: Instituto Nacional del Libro Español.

INRI: Iesus Nazarenus Rex Iudaeorum (Jesús Nazareno Rey de los Judíos).

INSALUD: Instituto Nacional de la Salud (España).

INSERSO: Instituto Nacional de Servicios Sociales (España).

INTA: Instituto Nacional de Técnica Aeroespacial (España).

INTELSAT: International Telecommunications Satellite (Organización Internacional de Telecomunicaciones por Satélite).

INTERPOL: Véase ICPO.

INTURIST: Sociedad Anónima de la Unión Soviética para el Turismo Extranjero en la antigua URSS.

IPC: Índice de Precios al Consumo.

IPI: International Press Institute (Instituto Internacional de Prensa: IIP).

IPS: International Press Service (Servicio Internacional de Prensa).

IPU: Inter-Parliamentary Union (Unión Interparlamentaria: UIP).
IRA: Irish Republican Army (Ejército Republicano Irlandés).
IRPF: Impuesto sobre la Renta de las Personas Físicas (España).
IRTP: Impuesto sobre el Rendimiento del Trabajo Personal (España).
IRYDA: Instituto Nacional de Reforma y Desarrollo Agrario (España).
IS: Internacional Socialista.
ISBN: International Standard Book Number (Número Internacional Normalizado para los Libros).
ISO: International Organization for Standardization (Organización Internacional de Normalización).
ISSN: International Standard Serials Number (Número Internacional Normalizado para Publicaciones Periódicas).
ITE: Impuesto de Tráfico de Empresas (España).
ITT: International Telegraph and Telephone Corporation (Compañía Internacional de Telégrafos y Teléfonos). (EE. UU.)
IU: Izquierda Unida (España).
IUPA: International Union of Press Associations (Unión Internacional de Asociaciones de Prensa).
IVA: Impuesto sobre el Valor Añadido.

JAL: Japan Air Lines (Líneas Aéreas Japonesas).
JEN: Junta de Energía Nuclear (España).
JHS: Véase IHS.
JONS: Juntas Ofensivas Nacional-Sindicalistas (España).
JSE: Juventudes Socialistas de España.

KAS: Komité Abertzale Sozialista (Comité Patriota Socialista), España.
KGB: Comité de Seguridad del Estado (antigua URSS).
KIO: Kuwait Investments Office (Oficina de Inversiones de Kuwait).
KKK: Ku-Klux-Klan.
KLM: Kominkiljke Luchtvaart-Maatschappij (Líneas Aéreas de los Países Bajos).

Láser: Light Amplification by Stimulated Emission of Radiation (Luz amplificada por la emisión estimulada de radiación).
LAU: Ley de Autonomía Universitaria (España). Ley de Arrendamientos Urbanos (España).
LCR: Liga Comunista Revolucionaria (España).
LMT: Local Mean Time (hora media local).
LOAPA: Ley Orgánica de Armonización del Proceso Autonómico (España).
LODE: Ley Orgánica Reguladora del Derecho a la Educación (España).
LOGSE: Ley de Ordenación General del Sistema Educativo (España).
LRU: Ley Orgánica de Reforma Universitaria (España).
LSD: Lysergic Diethylamide (Dietilamida del ácido lisérgico).

M-19: Movimiento 19 de Abril (Colombia).

MAAF: Mediterranean Allied Air Forces (Fuerzas Aéreas Aliadas del Mediterráneo).

MAE: Ministerio de Asuntos Exteriores (España).

MAP: Maghreb Arab Press (Agencia de Prensa Árabe de Magreb) (Marruecos).

MBA: Master in Business Administration.

MC: Mercado Común. Véase CEE. Movimiento Comunista (España).

MCA: Motion Corporation of America (Corporación Cinematográfica de Norteamérica).

MEAC: Museo Español de Arte Contemporáneo.

MEC: Ministerio de Educación y Ciencia.

MERCASA: Mercados Centrales de Abastecimientos, S. A. (España).

MERCOSA: Empresa Nacional de Mercados de Origen de Productos Agrarios, S. A. (España).

M-G-M: Metro-Goldwyn-Mayer Incorporated (productora cinematográfica estadounidense).

MIR: Médico Interno y Residente (España).

MLM: Movimiento de Liberación de la Mujer (España).

MOMA: Museum of Modern Art (Museo de Arte Moderno). Nueva York.

MOPU: Ministerio de Obras Públicas y Urbanismo (España).

MOSAD: Servicios Secretos Israelíes.

MP: Military Police (policía militar).

MSI: Movimiento Sociale Italiano (Movimiento Social Italiano).

MUA: Mando Único Antiterrorista (España).

MUFACE: Mutualidad General de Funcionarios Civiles del Estado (España).

MULC: Mando Único para la Lucha Contraterrorista (España).

MUNPAL: Mutualidad Nacional de Previsión de Administración Local (España).

NAFTA: North Atlantic Free Trade Area (Zona del Libre Comercio del Atlántico Norte).

NAP: North Atlantic Pact (Pacto del Atlántico Norte).

NASA: National Aeronautics and Space Administration (Administración Nacional de Aeronáutica y del Espacio) (EE. UU.).

NATO: Véase OTAN.

NBC: National Broadcasting Company (Sociedad Nacional de Radiodifusión) (EE.UU.).

NBS: National Broadcasting Service (Servicio Nacional de Radiodifusión) (EE.UU.).

NN. UU.: Naciones Unidas. Véase ONU.

NY: New York (Nueva York).

NYC: New York City (Ciudad de Nueva York).

NYT: New York Times (diario de Nueva York).

OACI: Organisation de l'Aviation Civile Internationale (Organización para la Aviación Civil Internacional).

OAS: Organisation de l'Armée Secrète (Organización del Ejército Secreto).

OCDE: Organización para la Cooperación y el Desarrollo Económicos (París).

OCU: Organización de Consumidores y Usuarios (España).

ODECA: Organización de Estados Centroamericanos.

OEA: Organización de Estados Americanos. Washington.

OET: Oficina de Educación Iberoamericana. Madrid.

OID: Oficina de Información Diplomática (del Ministerio de Asuntos Exteriores) (España).

OIEA: Organismo Internacional de Energía Atómica.

OIJ: Organisation Internationale des Journalistes (también IOJ).

OIT: Organización Internacional del Trabajo (Ginebra).

OJD: Oficina de Justificación de la Difusión (España).

OLP: Organización de Liberación de Palestina.

OMM: Oficina Meteorológica Mundial.

OMS: Organización Mundial de la Salud.

OMT: Organización Mundial de Turismo. Madrid.

ONCE: Organización Nacional de Ciegos Españoles.

ONU: Organización de las Naciones Unidas.

OPA: Oferta Pública de Adquisición (de Acciones) (España).

OPAEP: Organización de los Países Árabes Exportadores de Petróleo.

OPEP: Organización de los Países Exportadores de Petróleo.

ORA: Operación de Regulación de Aparcamientos (Madrid).

OTAN: Organización del Tratado del Atlántico Norte (en inglés, NATO).

OUA: Organización para la Unidad Africana (Addis Abeba).

Ovni: Objeto Volante No Identificado.

PAR: Programa de Aparcamientos para Residentes (Madrid).

PASD: Partido Andaluz Socialdemócrata (España).

PCA: Partido Comunista de Andalucía. Partido Comunista de Aragón. Partido Comunista de Asturias.

PCC: Partido Comunista de Cantabria. Partit dels Comunistes de Catalunya. Partido Comunista de Canarias.

PCE: Partido Comunista de España.

PCE(I): Partido Comunista de España (Internacional).

PCE(ML): Partido Comunista de España Marxista-Leninista.

PCE(R): Partido Comunista de España (Reconstituido).

PCEU: Partido Comunista de España Unificado.

PCF: Partido Comunista Francés.

PCI: Partido Comunista Italiano.

PCR: Partido Comunista Reconstituido (España).

PCU: Partido Comunista de Unificación (España).

PDP: Partido Demócrata Popular (España).
PEMEX: Petróleos Mexicanos (México).
PETRONOR: Refinería de Petróleos del Norte, S. A. (España).
PGC: Parque Móvil de la Guardia Civil (España).
PIB: Producto Interior Bruto.
PIC: Puntos de Información Cultural (del Ministerio de Cultura) (España).
PL: Partido Liberal (España).
PM: Policía Militar.
PMM: Parque Móvil de Ministerios Civiles (España).
PNB: Producto Nacional Bruto.
PNN (penene): Profesor no numerario (España).
PNV: Partido Nacionalista Vasco (España).
Polisario: Frente Político de Liberación del Sahara y Río de Oro (Sahara Occidental).
POUM: Partit Obrer d'Unificació Marxista (Partido Obrero de Unificación Marxista) (España).
PP: Partido Popular.
PSC: Partit Socialista de Catalunya (Partido Socialista de Cataluña).
PSOE: Partido Socialista Obrero Español.
PSUC: Partit Socialista Unificat de Catalunya (Partido Socialista Unificado de Cataluña).
PTE-UC: Partido de los Trabajadores de España-Unidad Comunista.
PYME: Pequeña y Mediana Empresa.

RACE: Real Automóvil Club de España.
Radar: Radio Detection and Ranging (detección y localización por radio).
RAE: Real Academia Española.
RAF: Royal Air Force (Reales Fuerzas Aéreas) (Reino Unido).
RAG: Real Academia Galega.
RAI: Radio Audizioni Italia (emisora de radio y televisión italiana). Registro de Aceptaciones Impagadas (España).
RAM: Royal Air Maroc (Reales Líneas Aéreas Marroquíes).
RASD: República Árabe Saharaui Democrática.
RCA: Radio Corporation of America (Compañía de radio y televisión) (EE. UU.).
RCE: Radio Cadena Española.
RENFE: Red Nacional de los Ferrocarriles Españoles.
RNE: Radio Nacional de España.
RTF: Radio-Télévision Française (Radio Televisión Francesa).
RTV: Radiotelevisión.
RTVE: Radiotelevisión Española.
RU: Reino Unido.

SA: Sociedad Anónima.

S. A.: Su Alteza.

S. A. I.: Su Alteza Imperial.

SALT: Strategic Arms Limitation Talks (Conversaciones para la Limitación de Armas Estratégicas).

SAR: Servicio Aéreo de Rescate.

S. A. R.: Su Alteza Real.

SEAT: Sociedad Española de Automóviles de Turismo.

SELA: Sistema Económico Latinoamericano.

SENPA: Servicio Nacional de Productos Agrarios (España).

SER: Sociedad Española de Radiodifusión.

SEREM: Servicio Especial de Rehabilitación de Enfermos y Minusválidos (España).

SGAE: Sociedad General de Autores de España.

SHAPE: Supreme Headquarters Allied Powers in Europe (Cuartel General Supremo de las Potencias Aliadas en Europa).

Sida: Síndrome de inmunodeficiencia adquirida.

SIMO: Salón Informativo de Material de Oficina (España).

SIP: Sociedad Interamericana de Prensa.

SL: Sociedad Limitada.

S. M.: Su Majestad.

SME: Sistema Monetario Europeo.

SMI: Sistema Monetario Internacional.

SNCF: Société Nationale des Chemins de Fer Français (Sociedad Nacional de los Ferrocarriles Franceses).

SOC: Sindicato de Obreros del Campo (España).

Sonar: Sound Navigation Ranging (detección submarina por ondas sonoras).

SONIMAG: Sonido e Imagen (Salón Monográfico Español).

SOS: Save our Souls (salvad nuestras almas). Señal Internacional de gran peligro.

SPP: Sindicato Profesional de Policías (España).

SPQR: Senatus Populusque Romanus (el Senado y el Pueblo Romanos).

START: Strategic Arms Reduction Talks (Conversaciones Sobre la Reducción de Armas Estratégicas); sustituyó a las SALT.

SUP: Sindicato Unificado de Policía (España).

SWAPO: South West Africa People's Organization (Organización del Pueblo de África del Suroeste), Namibia.

TAF: Tren Automotor (o articulado) Fiat.

Talgo: Tren Articulado Ligero Goicoechea-Oriol.

TAP: Transportes Aéreos Portugueses.

TASS: Agencia Telegráfica de la antigua Unión Soviética.

TAV: Tren de Alta Velocidad.

TER: Tren Español Rápido.

TGV: Trains á Grande Vitesse (Trenes de Gran Velocidad), Francia.
TIR: Transport International Routier (Transporte Internacional por Carretera).
TNT: Trinitrotolueno.
TVE: Televisión Española.
TWA: Trans World Airlines (Líneas Aéreas Transmundiales), EE.UU.

UAE: Véase EAU.
UCI: Unidad de Cuidados Intensivos (en hospitales).
UEFA: Union of European Football Associations (Unión de Asociaciones Europeas de Fútbol).
UEO: Unión Europea Occidental.
UER: Union Européenne de Radiodiffusion (Unión Europea de Radiodifusión).
UFO: Unidentified Flying Objet (Objeto Volante no Identificado: ovni).
UGT: Unión General de Trabajadores (España).
UHF: Ultra High Frequencies (frecuencias ultraelevadas).
UIT: Union Internationale des Télécommunications (Unión Internacional de Telecomunicaciones).
UK: United Kingdom (Reino Unido: Gran Bretaña e Irlanda del Norte).
UN: United Nations. Véase ONU.
UNCTAD: United Nations Conference on Trade and Development (Conferencia de las Naciones Unidas sobre Comercio y Desarrollo).
UNDC: United Nations Disarmament Commission (Comisión de las Naciones Unidas para el Desarme).
UNE: Una Norma Española.
UNED: Universidad Nacional de Educación a Distancia (España).
UNESCO: United Nations Educational, Scientific and Cultural Organization (Organización de las Naciones Unidas para la Educación, la Ciencia y la Cultura).
UNHCR: United Nations High Commissioner for Refugees (Alta Comisaría de las Naciones Unidas para los Refugiados: ACNUR).
UNICEF: United Nations Children's Fund (Fondo de las Naciones Unidas para la Infancia).
UNITA: União Nacional para a Independência Total de Angola (Unión Nacional para la Independencia Total de Angola).
UPG: Union do Povo Galego (Unión del Pueblo Gallego), España.
UPI: United Press International (Prensa Internacional Unida) (EE. UU.).
UPN: Unión del Pueblo Navarro.
UPU: Unión Postal Universal.
US: United States (Estados Unidos); también USA.
USA: The United States of America (los Estados Unidos de América: EE. UU.).
USIA: United States Information Agency (Agencia de Información de los Estados Unidos).

USO: Unión Sindical Obrera.
UTA: Union des Transports Aériens (Unión de Transportes Aéreos), Francia.
UVI: Unidad de Vigilancia Intensiva (en hospitales).

VERDE: Vértice Español de Reivindicación Desarrollo Ecológico.
VHF: Very High Frecuencies (frecuencias muy elevadas).
VIASA: Venezolana Internacional de Aviación, S. A.
VIP: Very Important Person (persona muy importante).
VLF: Very Low Frequency (frecuencia muy baja).

WASP: White, Anglo-Saxon, Protestant (protestante, anglosajón, blanco).
WHO: World Health Organization. (Véase OMS.)
WWF: World Wildlife Fund (Fondo Mundial para la Naturaleza), Zurich.

YMCA: World Alliance of Young Men's Christian Associations (Alianza Mundial de Asociaciones Cristianas de Jóvenes: ACJ), París.

Organizaciones internacionales

COMMONWEALTH

Conjunto de estados y territorios procedentes del Imperio Británico y a los que une cierta solidaridad, más moral que jurídica.

Miembros: Antigua y Barbuda, Australia, Bahamas, Bangladesh, Barbados, Belice, Botsbuana, Brunei, Canadá, Chipre, Dominica, Gambia, Ghana, Granada, Guyana, India, Islas Salomón, Jamaica, Kenia, Kiribati, Lesoto, Malawi, Malasia, Maldivas, Malta, Mauricio, Nauru, Nigeria, Papúa Nueva Guinea, Nueva Zelanda, Reino Unido, Samoa Occidental, San Cristóbal y Nieves, Santa Lucía, San Vicente y Granadina, Seychelles, Sierra Leona, Singapur, Sri Lanka, Suazilandia, Tanzania, Tonga, Trinidad y Tobago, Tuvalu, Uganda, Vanuatu, Zambia y Zimbabue.

COMUNIDAD ECONÓMICA EUROPEA (C. E.)

Comunidad económica, más conocida como Mercado Común.

Miembros: Alemania, Bélgica, Dinamarca, España, Francia, Gran Bretaña, Grecia, Holanda, Irlanda, Italia, Luxemburgo y Portugal.

Sede en Bruselas.

CONSEJO DE COOPERACIÓN DE LOS ESTADOS ÁRABES UNIDOS (C. C. E. A. U.)

Consejo de cooperación para los estados árabes del Golfo.

Miembros: Arabia Saudí, Bahrein, Emiratos Árabes Unidos, Katar, Kuwait, Omán.

Sede en Riad (Arabia Saudí).

CONSEJO DE EUROPA

Miembros: Alemania, Austria, Bélgica, Chipre, Dinamarca, España, Finlandia, Francia, Gran Bretaña, Grecia, Holanda, Hungría, Irlanda, Islandia, Italia,

Liechtenstein, Luxemburgo, Mónaco, Noruega, Portugal, Turquía, San Marino, Suecia y Suiza.

Sede en Estrasburgo (Francia).

GRUPO DE LOS CINCO

Subgrupo del Grupo de los Diez.

Miembros: Alemania, Estados Unidos, Francia, Gran Bretaña y Japón.

GRUPO DE LOS DIEZ

Foro para discusiones internacionales de acuerdos monetarios.

Miembros: Alemania, Bélgica, Canadá, Estados Unidos, Francia, Gran Bretaña, Holanda, Italia, Japón, Suecia y como miembro honorario Suiza.

ORGANIZACIÓN DE ESTADOS AMERICANOS (O. E. A.)

Organismo supranacional que agrupa a todos los gobiernos de los estados americanos.

Miembros: Antigua y Barbuda, Argentina, Bahamas, Barbados, Bolivia, Brasil, Canadá, Colombia, Costa Rica, Cuba, Chile, Dominica, Ecuador, El Salvador, Estados Unidos, Granada, Guatemala, Haití, Honduras, Jamaica, México, Nicaragua, Panamá, Paraguay, Perú, República Dominicana, San Cristóbal y Nieves, San Vicente y Granadinas, Santa Lucía, Surinam, Trinidad y Tobago, Uruguay y Venezuela.

Sede en Washington.

ORGANIZACIÓN DE LA UNIDAD AFRICANA (O. U. A.)

Institución panafricanista de los países independientes de África.

Miembros: Angola, Argelia, Benin, Bostwana, Burkina Faso, Burundi, Camerún, Cabo Verde, Comores, Congo, Costa de Marfil, Chad, Egipto, Etiopía, Gabón, Ghana, Gambia, Guinea, Guinea-Bissau, Guinea Ecuatorial, Kenia, Lesoto, Liberia, Libia, Madagascar, Malaui, Mali, Marruecos, Mauricio, Mauritania, Mozambique, Níger, Nigeria, República Centroafricana, RASD (República Árabe Saharaui Democrática), Ruanda, Santo Tomé y Príncipe, Senegal, Seychelles, Sierra Leona, Somalia, Sudán, Suazilandia, Tanzania, Togo, Túnez, Uganda, Yibuti, Zaire, Zambia, Zimbabue.

Sede en Addis Abeba (Etiopía).

ORGANIZACIÓN DE LAS NACIONES UNIDAS (O. N. U.)

Organismo internacional constituido por Estados reunidos para regular sus diferencias y contribuir a la cooperación económica, social y cultural.

Número actual de miembros: 166 (junio 1990).
Sede en Nueva York.

ORGANIZACIÓN DE PAÍSES EXPORTADORES DE PETRÓLEO (O. P. E. P.)

Miembros: Argelia, Arabia Saudí, Ecuador, Emiratos Árabes Unidos, Gabón, Indonesia, Irak, Irán, Katar, Kuwait, Libia, Nigeria y Venezuela.

ORGANIZACIÓN DEL TRATADO DEL ATLÁNTICO NORTE (O. T. A. N.)

Organización nacida para salvaguardar la paz y la seguridad, para conseguir la estabilidad y el bienestar en la región del Atlántico norte.
Miembros: Alemania, Bélgica, Canadá, Dinamarca, España, Estados Unidos, Francia, Gran Bretaña, Grecia, Holanda, Islandia, Italia, Luxemburgo, Noruega, Portugal, Turquía.
Sede en Bruselas.

ORGANIZACIÓN DEL TRATADO DEL SUDESTE ASIÁTICO (S. E. A. T. O.)

Organismo concebido como organización militar anticomunista.
Miembros: Australia, Estados Unidos, Gran Bretaña, Nueva Zelanda, Filipinas y Tailandia.
Sede en Bangkok (Tailandia).

ORGANIZACIÓN PARA LA COOPERACIÓN Y DESARROLLO ECONÓMICO (O. C. D. E.)

Miembros: Alemania, Australia, Austria, Bélgica, Canadá, Dinamarca, España, Estados Unidos, Finlandia, Francia, Gran Bretaña, Grecia, Holanda, Islandia, Irlanda, Italia, Japón, Luxemburgo, Noruega, Nueva Zelanda, Portugal, Suecia, Suiza, Turquía y Yugoslavia (con *status* especial).
Sede en París.

UNIÓN EUROPEA OCCIDENTAL (U. E. O.)

La Unión Europea Occidental, fundada en 1954, está integrada por todos los países de la CE salvo Irlanda, Dinamarca y Grecia. Es una superestructura, sin Ejército ni Estado Mayor, encargada de coordinar la política y planes defensivos comunitarios. Nació por el fracaso de la Comunidad Europea de Defensa.
Miembros: Alemania, Bélgica, España, Francia, Holanda, Luxemburgo, Portugal y Reino Unido.

Terminología forense

Propia del lenguaje forense es la precisión en los términos y conceptos que utiliza. Esta selección ayudará al redactor a familiarizarse con los términos más usuales y conocer su exacto significado.

Abogado: Licenciado en Derecho que, incorporado a un Colegio de Abogados en calidad de ejerciente, se dedica, en un despacho profesional, a la defensa de intereses jurídicos ajenos. Sinónimo: *letrado*.

Acusación particular: Representación legal de las víctimas o familiares de las víctimas de un delito.

Acción popular: Acusación ejercida por ciudadanos de nacionalidad española que no son perjudicados directos ni víctimas del delito.

Acusado: Persona sobre la que pesa una imputación penal. (Sinónimo: Imputado.) No siempre pueden utilizarse indistintamente los términos *acusado* y *procesado*. Para esta última situación se requiere la existencia de un auto de procesamiento; si alguien ha sido ya procesado, sí puede emplearse la palabra *acusado* y también *encausado*. Pero no puede llamarse *procesado* o *encausado* a alguien sobre quien no pesa un auto de procesamiento.

Auto: Resolución de un juez o Tribunal sobre puntos esenciales que afecten a los acusados (por ejemplo: procesamientos, prisión, libertad). También adoptan forma de auto las decisiones judiciales sobre nulidad del procedimiento, archivo de las actuaciones, inadmisión de un recurso, admisión o denegación de pruebas. A diferencia de otras resoluciones judiciales, los autos tienen que ser siempre motivados.

Demanda: Forma en la que los ciudadanos se dirigen a los Tribunales para solicitar la reposición de un derecho lesionado. En ningún caso el término *demanda* puede ser empleado en el campo penal.

Denuncia: Puesta en conocimiento del juez, fiscal o funcionario de policía, por escrito o de palabra, de algún hecho que pudiera ser delictivo. El denunciante no está obligado a probar los hechos denunciados ni a formalizar querella.

Diligencias: Actuaciones judiciales relativas a la investigación de delitos.

Fallo: Parte final de la sentencia en la que se concreta el pronunciamiento del juez o Tribunal sobre la cuestión de fondo del proceso.

Fiscal: Institución del Poder Judicial que tiene por misión promover la acción de la Justicia en defensa de la legalidad, de los derechos de los ciudadanos y del interés público. Se le denomina también *Ministerio Fiscal, Ministerio Público* y *acusador público*.

Instrucción: Investigación del delito.

Magistrado: Miembro de la carrera judicial con más de tres años de antigüedad. Es la categoría inmediatamente superior a la de juez, siendo ésta la primera con la que se ingresa en la carrera. Se puede denominar *juez* a un *magistrado*, pero nunca a la inversa.

Procedimiento abreviado: Proceso penal destinado exclusivamente a la persecución de delitos castigados con seis o menos de seis años de cárcel. Se caracteriza por una simplificación de los trámites y de los plazos. No existe auto de procesamiento, que se sustituye por el auto en el que el juez acuerda la apertura del juicio oral.

Providencia: Resolución de un juez o Tribunal que tiene por objeto la ordenación del proceso.

Querella: Escrito presentado por el fiscal o por cualquier ciudadano, haya sido o no ofendido por el delito, poniendo en conocimiento del juez la comisión de un hecho delictivo atribuido a persona o personas concretas. Requiere la formalización por medio de procurador y suscrita por un abogado.

Recurso: Escrito que cualquiera de las partes intervinientes en un proceso (fiscal, defensa, abogado del Estado, acusación particular o acción popular) pueden interponer contra una decisión judicial con la que discrepen. El primero que se formula es el **recurso de reforma**, que puede interponerse contra todos los autos de un juez de instrucción y es resuelto por ese mismo juez. El **recurso de apelación** es resuelto por el Tribunal al que va a corresponder el conocimiento de la causa en juicio oral. El **recurso de súplica** se interpone contra autos de un Tribunal penal. El **recurso de queja** sólo puede interponerse contra los autos de un juez respecto a los que no cabe recurso de apelación. El **recurso de casación** se interpone ante el Tribunal Supremo contra sentencias de instancias inferiores; es la última posibilidad, dentro de los Tribunales ordinarios, para revisar un fallo judicial. Existe también un **recurso de revisión,** a resolver también por el Tribunal Supremo, pero los requisitos para interponerlo son tan exigentes que la revisión es muy excepcional: el promotor del recurso debe acreditar que después de la sentencia ha sobrevenido el conocimiento de nuevos hechos o elementos de prueba de tal naturaleza de evidencien la inocencia del condenado.

Recurso de amparo: Escrito que se interpone ante el Tribunal Constitucional para demandar la protección o el restablecimiento de los derechos y libertades reconocidos en los artículos 14 a 29 de la Constitución, así como la objeción de conciencia. Puede interponerse frente a violaciones de esos derechos y libertades por actos judiciales o de los poderes públicos del Estado y de las comunidades autónomas, siempre que previamente se hayan agotado todos los recursos utilizables en la vía judicial y que, en ese previo proceso ante los Tribunales ordinarios, se haya invocado formalmente la vulneración del precepto constitucional que luego se hace valer ante el Tribunal Constitucional. (Sinónimo: *Demanda de amparo.*)

Sentencia: Resolución de un juez o Tribunal que decide definitivamente el pleito o causa en cualquier instancia. En ella deben constar la relación de hechos probados y los fundamentos de Derecho que justifican el fallo. Son *sentencias firmes* aquellas contra las que no cabe recurso alguno, salvo los extraordinarios *(recurso de revisión o recurso de amparo constitucional).*

Tribunal: Órgano de Justicia formado por un número impar de magistrados, tres o superior a tres. Como sinónimo puede utilizarse *Sala.* Determinados Tribunales, por ejemplo el Supremo o el Constitucional, están divididos en varias Salas y éstas, a su vez, en varias Secciones. El término *Sección* puede ser sustituido directamente por el de *Tribunal,* pero nunca debe denominarse *Sala* a una *Sección.*

Diferencias horarias

PAÍS	DIFERENCIA CON G. M. T.
Afganistán	$+ 4\frac{1}{2}$
África del Sur	$+ 2$
Alemania	$+ 1$ *
Angola	$+ 1$
Arabia Saudita	$+ 3$
Argelia	$+ 1$
Argentina	$- 3$
Australia:	
Occidental	$+ 8$
Central	$+ 9\frac{1}{2}$ *
Oriental (Melbourne, Sydney)	$+ 10$ *
Austria	$+ 1$ *
Bélgica	$+ 1$ *
Birmania	$+ 6\frac{1}{2}$
Bolivia	$- 4$
Brasil:	
Oriental (incluyendo toda la costa y Brasilia)	$- 3$
Occidental	$- 4$ *
Bulgaria	$+ 2$ *
Bahrein	$+ 3$
Canadá:	
Terranova	$- 3\frac{1}{2}$ *
Zona Atlántica	$- 4$ *
Montreal, Québec y Toronto	$- 5$ *
Vancouver	$- 8$ *
C. E. I.:	
Moscú	$+ 3$ *
Novosibirsk	$+ 7$ *
Vladivostok	$+ 10$

PAÍS	DIFERENCIA CON G. M. T.
Colombia	− 5
Costa de Marfil	G.M.T.
Costa Rica	− 6
Cuba	− 5 *
Chad	+ 1
Checoslovaquia	+ 1 *
Chile	− 3 *
China, República Popular	+ 8 *
Dinamarca	+ 1 *
Ecuador	− 5
Egipto	+ 2 *
El Salvador	− 6
España:	
Península, Islas Baleares y Melilla	+ 1 *
Islas Canarias	G.M.T. *
Estados Unidos de América:	
Nueva York, Filadelfia, Boston, Washington y Miami	− 5 *
Chicago, Dallas/Fort Worth y Houston	− 6 *
Phoenix, Denver, Santa Fe	− 7 *
San Francisco/Oakland y Los Ángeles	− 8 *
Anchorage	− 9 *
Hawai	−10
Etiopía	+ 3
Filipinas	+ 8
Finlandia	+ 2 *
Francia	+ 1 *
Gabón	+ 1
Grecia	+ 2 *
Guatemala	− 6
Guinea Ecuatorial	+ 1
Holanda	+ 1 *
Honduras	− 6
Hong Kong	+ 8
Hungría	+ 1 *
India	+ 5½
Indonesia:	
Java, Sumatra	+ 7
Timor	+ 8
Molucas, Irián Occidental	+ 9
Irak	+ 3
Irán	+ 3½

PAÍS	DIFERENCIA CON G. M. T.
Irlanda	+ 1 *
Islandia	G.M.T.
Israel	+ 2 *
Italia	+ 1 *
Jamaica	− 5
Japón	+ 9
Jordania	+ 2 *
Kenia	+ 3
Kuwait	+ 3
Laos	+ 7
Líbano	+ 2 *
Liberia	G.M.T.
Libia	+ 2
Luxemburgo	+ 1 *
Madeira	G.M.T.
Marruecos	G.M.T.
Mauritania	G.M.T.
México	− 6
Mónaco	+ 1
Mozambique	+ 2
Nepal	+ 5⅔
Nicaragua	− 6
Nigeria	+ 1
Noruega	+ 1 *
Nueva Zelanda	+ 12 *
Omán	+ 4
Pakistán	+ 5
Panamá	− 5
Paraguay	− 4
Perú	− 5
Polonia	+ 1 *
Portugal	G.M.T. *
Puerto Rico	− 4
Qatar	+ 3
Reino Unido	+ 1
República de Corea	+ 9
República Dominicana	− 4
Rumanía	+ 2 *
Senegal	G.M.T.
Seychelles	+ 4
Sierra Leona	G.M.T.

PAÍS	DIFERENCIA CON G. M. T.
Singapur	+ 7½
Siria	+ 2
Sudáfrica	+ 2
Sudán	+ 2
Suecia	+ 1 *
Suiza	+ 1 *
Tailandia	+ 7
Tanzania	+ 3
Trinidad	− 4
Túnez	+ 1 *
Turquía	+ 2 *
Unión de Emiratos Árabes	+ 4
Uruguay	− 3
Venezuela	− 4
Vietnam	+ 7
Yemen	+ 3
Yugoslavia	+ 1 *
Zaire:	
Kinshasa	+ 1
Katanga	+ 2

* Estos países suelen aplicar la denominada «hora de verano», de duración variable.

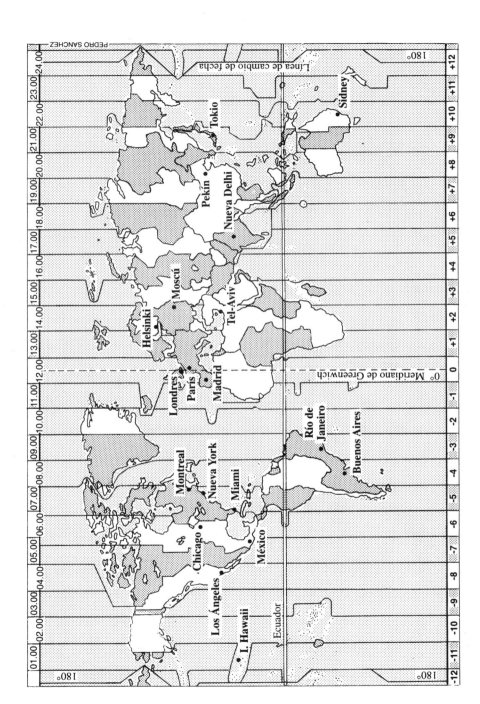

Otros calendarios en uso

Además del calendario gregoriano común en gran parte del mundo, existen otros calendarios en uso en nuestros días, entre los que destacan el hebreo, el musulmán y el chino, prohibido en China pero utilizado todavía en otros países asiáticos.

CALENDARIO HEBREO

Calendario lunar-solar, compuesto de doce meses de 29-30 días, a los que se añade, en algunos años, un período adicional de once días, Adar Sheni, a continuación del mes de Adar. Su origen se remonta al 7 de octubre de 3761 a J. C., fecha presumible de la Creación, y la fecha del año nuevo varía, pero normalmente coincide con la segunda mitad de septiembre del año gregoriano. El 1-1-1990 corresponde al 4 Tebet del año 5750.

Meses	Días
Tishri (septiembre-octubre)	30
Heshvan (octubre-noviembre)	29
En algunos años	30
Kislev (noviembre-diciembre)	29
En algunos años	30
Tevet (diciembre-enero)	29
Shevat (enero-febrero)	30
Adar (febrero-marzo)	29
En años bisiestos	30
Nisan (marzo-abril)	30
Iyar (abril-mayo)	29
Silvan (mayo-junio)	30
Tammuz (junio-julio)	29
Av (julio-agosto)	30
Elul (agosto-septiembre)	29

CALENDARIO MUSULMÁN

Los musulmanes utilizan un calendario lunar, compuesto de doce meses de 29 o 30 días alternativamente. Once años de cada treinta se aumentan en un día en su último mes. La era de los mahometanos, la Hajira, se cuenta desde la puesta del sol del jueves 16 de julio del 622 (era cristiana), fecha de la huida de Mahoma de La Meca a Medina. El primer día del año 1411 musulmán corresponde al 24 de agosto de 1990.

Meses	Días
Muharram	30
Safar	29
Rabi'I	30
Rabi'II	29
Jumada I	30
Jumada II	29
Rajab	30
Sha'ban	29
Ramadán	30
Shawwal	29
Dhu-al-Qa'dah	30
Dhu al-Hijjah	29 o 30

CALENDARIO CHINO

El antiguo calendario chino consta de 24 segmentos de una quincena, aproximadamente, cada uno. Las equivalencias con el calendario gregoriano son aproximadas.

Quincenas	Equivalencia calendario gregoriano
Li Chun (Comienzo de la primavera)	5-19 febrero
Yu Shui (Agua de lluvia)	19 febrero-5 marzo
Jing Zhe (Insectos excitados)	5-20 marzo
Chun Fen (Equinocio primaveral)	20 marzo-4/5 abril
Qing Ming (Claro y luminoso)	4/5-20 abril
Gu Yu (Lluvias del grano)	20 abril-5 mayo
Li Xia (Comienzo del verano)	5-21 mayo
Xiao Man (Abundancia de grano)	21 mayo-5 junio
Mang Zhong (Grano en la oreja)	5-21 junio
Xia Zhi (Solsticio de verano)	21 junio-7 julio
Xiao Shu (Leve calor)	7-23 julio
Da Shu (Gran calor)	23 julio-7 agosto

Li Qiu (Comienzo del otoño) — 7-23 agosto
Chu Shu (Límite del calor) — 23 agosto-7 septiembre

Bai Lu (Rocío blanco) — 7-23 septiembre
Qui Fen (Equinoccio de otoño) — 23 septiembre-8 octubre

Han Lu (Rocío frío) — 8-23 octubre
Shuang Jiang (Desciende la escarcha) — 23 octubre-7 noviembre

Li Dong (Comienza el invierno) — 7-22 noviembre
Xiao Xue (Nieve escasa) — 22 noviembre-7 diciembre

Da Xue (Nieve intensa) — 7-22 diciembre
Dong Zhi (Solsticio de invierno) — 22 diciembre-6 enero

Xiao Han (Frío leve) — 6-21 enero
Da Han (Frío intenso) — 21 enero-5 febrero

Calendario perpetuo de Moret

AÑOS *(a)*

00 *(d)*	01	02	03		*04*	05
06	07		*08*	09	10	11
	12	13	14	15		*16*
17	18	19		*20*	21	22
23		*24*	25	26	27	
28	29	30	31		*32*	33
34	35		*36*	37	38	39
	40	41	42	43		*44*
45	46	47		*48*	49	50
51		*52*	53	54	55	
56	57	58	59		*60*	61
62	63		*64*	65	66	67
	68	69	70	71		*72*
73	74	75		*76*	77	78
79		*80*	81	82	83	
84	85	86	87		*88*	89
90	91		*92*	93	94	95
	96	97	98	99		

I

SIGLOS

PARTE DE LA CIFRA DEL AÑO QUE EXPRESA LAS CENTENAS *(a)*

0	7	14	*17*	*21*	6	0	1	2	3	4	5
1	8	15 *(b)*			5	6	0	1	2	3	4
2	9		*18*	*22*	4	5	6	0	1	2	3
3	10				3	4	5	6	0	1	2
4	11	*15 (c)*	*19*	*23*	2	3	4	5	6	0	1
5	12	*16*	*20*	*24*	1	2	3	4	5	6	0
6	13				0	1	2	3	4	5	6

II. MESES (d)

	mayo	agost. febr. B	febr. marzo nov.	junio	sept. dic.	abril julio enero B	enero oct.
1	2	3	4	5	6	0	1
2	3	4	5	6	0	1	2
3	4	5	6	0	1	2	3
4	5	6	0	1	2	3	4
5	6	0	1	2	3	4	5
6	0	1	2	3	4	5	6
0	1	2	3	4	5	6	0

III. DÍAS (e)

	1	2	3	4	5	6	7
	8	9	10	11	12	13	14
	15	16	17	18	19	20	21
	22	23	24	25	26	27	28
	29	30	31				
1	D	L	m	M	J	V	S
2	L	m	M	J	V	S	D
3	m	M	J	V	S	D	L
4	M	J	V	S	D	L	m
5	J	V	S	D	L	m	M
6	V	S	D	L	m	M	J
0	S	D	L	m	M	J	V

1.º   Búsquese en el cuadro I el número situado en la intersección de la línea que contiene las cifras del siglo y la columna que contiene las del año.

2.º   Tomar, en la columna del cuadro II, el número así encontrado, y buscar el que se encuentra en la intersección de esta línea y la columna del mes. En los años bisiestos, tomar los meses de enero y febrero marcados con la letra B.

3.º   Volver a tomar, en la columna exterior del cuadro III, el nuevo número así encontrado. En la intersección de esta línea y la columna de los días del mes se encuentra el día buscado. *Ejemplo:* ¿Qué día tuvo lugar la batalla de Wagram (6 de julio de 1809)?

Cuadro I: línea, 18; columna, 09; cifra encontrada, 1. Cuadro II: línea, 1; columna, julio; cifra encontrada, 0. Cuadro III: línea, 0; columna, 6; día buscado, JUEVES.

Este calendario se presta a búsquedas inversas: buscar los viernes 13, los 1.º de enero que caen en un día determinado, etcétera.

SIGNOS Y ABREVIATURAS: *(a)* Los siglos gregorianos y los años bisiestos están escritos en negritas. *(b)* Hasta el 4 de octubre de 1582 inclusive. *(c)* Desde el 15 de octubre de 1582 en adelante; las fechas del 5 al 14 de octubre de 1582 no están especificadas en el calendario gregoriano. *(d)* Los años seculares, siempre bisiestos en el calendario juliano, no lo son en el calendario gregoriano más que cuando sean divisibles por 400. *(e)* Abreviaturas: m, martes; M, miércoles.

Medidas y equivalencias

Sistema Métrico

Medidas de longitud

1 miriámetro (Mm)	=	10.000 metros
1 kilómetro (Km)	=	1.000 metros
1 hectómetro (Hm)	=	100 metros
1 decámetro (Dm)	=	10 metros
1 METRO (m)	=	1 metro
1 decímetro (dm)	= 0,1	metro
1 centímetro (cm)	= 0,01	metro
1 milímetro (mm)	= 0,001	metro
1 micra (o micrón, o micromilímetro)	= 0,000001	metro
	= 0,001	mm.
1 milimicra (o milimicrón)	= 0,000000001	metro
	= 0,001	micra
1 angstrom (A)	= 0,0000001	mm
	= 0,0001	micra

Medidas de superficie

1 miriámetro cuadrado	=	100.000.000 m²
1 kilómetro cuadrado	=	1.000.000 m²
1 hectárea (Ha) o hectómetro cuadrado	=	10.000 m²
1 área (a) o decámetro cuadrado (Dm²)	=	100 m²
1 metro cuadrado (m²)	=	1 m²
1 decímetro cuadrado	= 0,01	m²
1 centímetro cuadrado	= 0,0001	m²
1 milímetro cuadrado	= 0,000001	m²

Medidas de volumen

1 kilómetro cúbico	= 1.000.000.000 m³
1 hectómetro cúbico	= 1.000.000 m³
1 decámetro cúbico	= 1.000 m³
1 metro cúbico (m³)	= 1 m³
1 decímetro cúbico	= 0,001 m³
1 centímetro cúbico	= 0,000001 m³
1 milímetro cúbico	= 0,000000001 m³

Medidas de peso

1 tonelada métrica (T)	= 1.000 Kg
1 quintal métrico (q)	= 100 Kg
1 miriagramo (Mg)	= 10 Kg
1 kilogramo (Kg)	= 1 Kg = 1.000 g
1 hectogramo (Hg)	= 100 g
1 decagramo (Dg)	= 10 g
1 gramo (g)	= 1 g
1 decigramo (dg)	= 0,1 g
1 centigramo (cg)	= 0,01 g
1 miligramo (mg)	= 0,001 g
1 quilate métrico	= 200 mg = 0,2 g

Medidas de capacidad

1 kilolitro (Kl)	= 1.000 litros = 1 m³
1 hectolitro (Hl)	= 100 litros
1 decalitro (Dl)	= 10 litros
1 litro (l)	= 1 litro = 1 dm³
1 decilitro (dl)	= 0,1 litro
1 centilitro (cl)	= 0,01 litro
1 mililitro (ml)	= 0,001 litro

Medidas inglesas y norteamericanas
Equivalentes métricos

Longitud

1 pulgada	= 2,54 cm
1 pie (12 pulgadas)	= 30,48 cm
1 yarda (3 pies)	= 0,914402 m
1 milla terrestre (1.760 yardas)	= 1,609 Km

1 milla náutica internac.   = 1,852 Km
1 milla náutica americana   = 1,853 Km

Velocidad

1 milla por hora   = 1,609 Km/h
1 nudo   = 1 milla náutica (1,852 km)/h
Mach 1 (velocidad del sonido)   = 331,8 m/seg.

Superficie

1 pulgada cuadrada   = 6,451 cm²
1 pie cuadrado (144 pulgadas cuadradas) = 0,092 m²
1 yarda cuadrada   = 0,836 m²
1 acre (medida agraria)   = 0,404 Ha
1 milla cuadrada   = 259 Ha = 2,59 Km²

Volumen

1 pulgada cúbica   = 16,387 cm³
1 pie cúbico   = 0,028 m³
1 yarda cúbica   = 0,764 m³
1 tonelada de registro   = 2.832 m³

Capacidad (líquidos)

1 onza inglesa para fluidos   = 0,028 l
1 onza (EE.UU.)   = 0,029 l
1 pinta inglesa   = 0,568 l
1 pinta (EE.UU.)   = 0,473 l
1 quart inglés (2 pintas)   = 1,136 l
1 quart EE.UU. (2 pintas)   = 0,946 l
1 galón imperial inglés   = 4,546 l
1 galón americano (4 quarts)   = 3,785 l
1 barril de petróleo   =   159 l

Capacidad (áridos)

1 quart inglés   = 1,136 l
1 peck inglés   = 9,091 l
1 peck (EE.UU.)   = 8,809 l
1 bushel inglés (4 peck)   = 36,367 l
1 bushel EE.UU. (4 peck)   = 35,238 l

Peso

1 onza	=	28,34 g
1 libra (16 onzas)	=	453,59 g
1 piedra inglesa *(stone)*	=	6,350 Kg
1 hundredweight (100 libras)	=	45,36 Kg
1 tonelada americana (2.000 lb)	=	907,184 Kg
1 tonelada inglesa (2.240 lb)	=	1.016,047 Kg
1 onza troy (oro, plata, etc.)	=	31,103 g

Medidas antiguas españolas

Longitud

1 vara	= 0,863 m
1 braza	= 1,67 m
1 milla	= 1,852 Km
1 legua	= 5,5727 Km

Superficie

1 fanega	= 6.466 m^2

Capacidad (líquidos)

1 cuartillo	= 0,504 l
1 azumbre (4 cuartillos)	= 2,016 l
1 cántara (8 azumbres)	= 16,128 l

Capacidad (áridos)

1 celemín	= 4,625 l
1 fanega (12 celemines)	= 55,5 l

Peso

1 onza	= 28,7 g
1 libra (16 onzas)	= 460 g
1 arroba (25 libras)	= 11,502 kg
1 quintal (4 arrobas)	= 46 kg

Tablas de conversión

Pulgadas a milímetros

$\frac{1}{8}$ pulgada = 3,2 mm
$\frac{1}{4}$ pulgada = 6,4 mm
$\frac{1}{2}$ pulgada = 12,7 mm
1 pulgada = 25,4 mm
2 pulgadas = 50,8 mm
3 pulgadas = 76,2 mm
4 pulgadas = 101,6 mm
5 pulgadas = 127,0 mm
6 pulgadas = 152,4 mm
7 pulgadas = 177,8 mm
8 pulgadas = 203,2 mm
9 pulgadas = 228,6 mm
10 pulgadas = 254,0 mm

Yardas a metros

1 yarda = 0,9 m
2 yardas = 1,8 m
3 yardas = 2,7 m
4 yardas = 3,7 m
5 yardas = 4,6 m
6 yardas = 5,5 m
7 yardas = 6,4 m
8 yardas = 7,3 m
9 yardas = 8,2 m
10 yardas = 9,1 m

Pies a metros

1 pie = 0,304 m
2 pies = 0,609 m
3 pies = 0,914 m
4 pies = 1,219 m
5 pies = 1,524 m
6 pies = 1,828 m
7 pies = 2,133 m
8 pies = 2,438 m
9 pies = 2,743 m
10 pies = 3,048 m

Millas terrestres a kilómetros

1 milla = 1,609 Km
2 millas = 3,218 Km
3 millas = 4,828 Km
4 millas = 6,437 Km
5 millas = 8,046 Km
6 millas = 9,656 Km
7 millas = 11,265 Km
8 millas = 12,878 Km
9 millas = 14,484 Km
10 millas = 16,093 Km

Millas náuticas a kilómetros

1 milla = 1,85 Km
2 millas = 3,71 Km
3 millas = 5,56 Km
4 millas = 7,41 Km
5 millas = 9,26 Km
6 millas = 11,11 Km
7 millas = 12,98 Km
8 millas = 14,82 Km
9 millas = 16,68 Km
10 millas = 18,53 Km

Onzas inglesas a gramos

1 onza = 28,35 g
2 onzas = 56,70 g
3 onzas = 85,05 g
4 onzas = 113,40 g
5 onzas = 141,75 g
6 onzas = 170,10 g
7 onzas = 198,45 g
8 onzas = 226,80 g
9 onzas = 255,15 g
10 onzas = 283,50 g

Acres a hectáreas

1 acre = 0,404 Ha
2 acres = 0,809 Ha
3 acres = 1,214 Ha
4 acres = 1,618 Ha
5 acres = 2,023 Ha
6 acres = 2,428 Ha
7 acres = 2,832 Ha
8 acres = 3,237 Ha
9 acres = 3,642 Ha
10 acres = 4,046 Ha

Libras a kilogramos

1 libra = 0,453 kg
2 libras = 0,907 kg
3 libras = 1,360 kg
4 libras = 1,814 kg
5 libras = 2,267 kg
6 libras = 2,721 kg
7 libras = 3,175 kg
8 libras = 3,628 kg
9 libras = 4,082 kg
10 libras = 4,535 kg

Galones ingleses a litros

1 galón = 4,546 l
2 galones = 9,092 l
3 galones = 13,638 l
4 galones = 18,184 l
5 galones = 22,730 l
6 galones = 27,276 l
7 galones = 31,822 l
8 galones = 36,368 l
9 galones = 40,914 l
10 galones = 45,460 l

Toneladas inglesas a métricas

1 tonelada = 1,01 tm
2 toneladas = 2,03 tm
3 toneladas = 3,05 tm
4 toneladas = 4,06 tm
5 toneladas = 5,08 tm
6 toneladas = 6,10 tm
7 toneladas = 7,11 tm
8 toneladas = 8,13 tm
9 toneladas = 9,14 tm
10 toneladas = 10,16 tm

Tabla de equivalencia de grados Fahrenheit a grados centígrados

**32° F = **	**0° C**	71° F =	21,6° C
33° F =	0,5° C	72° F =	22,2° C
34° F =	1,1° C	73° F =	22,7° C
35° F =	1,6° C	74° F =	23,3° C
36° F =	2,2° C	75° F =	23,9° C
37° F =	2,7° C	76° F =	24,4° C
38° F =	3,3° C	77° F =	25,0° C
39° F =	3,8° C	78° F =	25,5° C
40° F =	4,4° C	79° F =	26,1° C
41° F =	5,0° C	80° F =	26,6° C
42° F =	5,5° C	81° F =	27,2° C
43° F =	6,1° C	82° F =	27,8° C
44° F =	6,6° C	83° F =	28,3° C
45° F =	7,2° C	84° F =	28,9° C
46° F =	7,7° C	85° F =	29,4° C
47° F =	8,3° C	86° F =	30,0° C
48° F =	8,8° C	87° F =	30,5° C
49° F =	9,4° C	88° F =	31,1° C
50° F =	10,0° C	89° F =	31,6° C
51° F =	10,5° C	90° F =	32,2° C
52° F =	11,1° C	91° F =	32,8° C
53° F =	11,6° C	92° F =	33,3° C
54° F =	12,2° C	93° F =	33,9° C
55° F =	12,7° C	94° F =	34,4° C
56° F =	13,3° C	95° F =	35,0° C
57° F =	13,9° C	96° F =	35,5° C
58° F =	14,4° C	97° F =	36,1° C
59° F =	15,0° C	**98° F = **	**36,6° C**
60° F =	15,5° C	99° F =	37,2° C
61° F =	16,1° C	100° F =	38,8° C
62° F =	16,6° C	110° F =	43° C
63° F =	17,2° C	120° F =	49° C
64° F =	17,7° C	130° F =	54° C
65° F =	18,3° C	140° F =	60° C
66° F =	18,9° C	150° F =	66° C
67° F =	19,4° C	160° F =	71° C
68° F =	20,0° C	170° F =	77° C
69° F =	20,5° C	180° F =	82° C
70° F =	21,1° C	190° F =	88° C

$$200° \text{ F} = 93° \text{ C} \qquad\qquad 500° \text{ F} = 260° \text{ C}$$
$$\mathbf{212° \text{ F} = 100° \text{ C}} \qquad\qquad 1.000° \text{ F} = 538° \text{ C}$$

Conversión: Para convertir grados Farenheit en centígrados, la fórmula más simple consiste en restar 32 grados a la primera temperatura, multiplicar el resultado por 5 y dividirlo por 9. Por ejemplo:

$$70° \text{ F, menos } 32 = 38 \times 5 = 190 : 9 = 21,1° \text{ C.}$$

Unidades monetarias de otros países

PAÍS	MONEDA	FRACCIÓN
Afganistán	Afganí	Pulí
Albania	Nuevo lek	Quindars
Alemania	Marco	Pfennige
Andorra	Peseta/Franco francés	Céntimos
Angola	Kwanza	Iwei
Angulia	Dólar caribeño	Centavos
Antigua y Barbuda	Dólar–Caribe–Este	Centavos
Arabia Saudita	Riyal	Halalah
Argelia	Dinar argelino	Céntimos
Argentina	Peso	Centavo
Armenia	Rublo	Copecs
Australia	Dólar australiano	Centavos
Austria	Chelín	Groschen
Azerbaiyán	Manat	
Bahamas	Dólar de Bahamas	Centavos
Bahrein	Dinar	Fils
Bangladesh	Taka	Paisas
Barbados	Dólar de Barbados	Centavos
Bélgica	Franco belga	Céntimos
Belice	Dólar de Belice	Centavos
Benin	Franco CFA	Céntimos
Bermudas	Dólar de Bermudas	Centavos
Bielorrusia	Rublo	Copecs
Birmania	Kyat	Pyas
Bolivia	Boliviano	Centavos
Botswana	Pula	Thebes
Brasil	Nuevo Cruzado	Centavos
Brunei	Dólar de Brunei	Centavos
Bulgaria	Leva	Stotinkis
Burkina Faso	Franco CFA	Céntimos

PAÍS	MONEDA	FRACCIÓN
Burundi	Franco de Burundi	Céntimos
Bután	Ngultrumi	Chetrum
Cabo Verde	Escudo	Centavos
Camerún	Franco CFA	Céntimos
Canadá	Dólar canadiense	Centavos
Centroafricana, República	Franco CFA	Céntimos
Colombia	Peso	Centavos
Comores	Franco comorano	Céntimos
Congo	Franco CFA	Céntimos
Corea del Norte	Won	Chon
Corea del Sur	Won	Chon
Costa de Marfil	Franco CFA	Céntimos
Costa Rica	Colón costarricense	Céntimos
Cuba	Peso	Centavos
Chad	Franco CFA	Céntimos
Checoslovaquia	Corona	Harlas
Chile	Peso	Centavos
China	Yuan	Fens
Chipre	Libra chipriota	Mils
Dinamarca	Corona	Ores
Dominica	Dólar−Caribe−Este	Centavos
Dominicana, República	Peso	Centavos
Ecuador	Sucre	Centavos
Egipto	Libra egipcia	Piastras
Emiratos Árabes Unidos	Dirham	Fils
Estados Unidos	Dólar	Centavos
Estonia	Corona	
Etiopía	Birr	Centavo
Fiyi	Dólar de Fiyi	Centavos
Filipinas	Peso filipino	Centavos
Finlandia	Marco finés	Pennis
Francia	Franco	Céntimos
Gabón	Franco	Céntimos
Gambia	Dalasi	Bututs
Georgia	Rublo	Copecs
Ghana	Cedí	Pesetas
Granada	Dólar Caribeño	Centavos
Grecia	Dracma	Leptaes
Guatemala	Quetzal	Centavos
Guinea	Franco guineano	Cauris
Guinea Bissau	Peso guineano	Centavos
Guinea Ecuatorial	Franco CFA	Céntimos

PAÍS	MONEDA	FRACCIÓN
Guyana	Dólar	Centavos
Guyana Francesa	Franco	Céntimos
Haití	Gurda	Céntimos
Holanda	Florín	Centavos
Honduras	Lempira	Centavos
Hungría	Florínt	Fillers
India	Rupia	Paisas
Indonesia	Rupia indonesa	Sens
Irak	Dinar iraquí	Fils
Irán	Rial	Dinares
Irlanda	Libra irlandesa	Peniques nuevos
Islandia	Corona	Aurar
Islas Salomón	Dólar de Islas Salomón	Centavos
Israel	Siclo	Agorot
Italia	Lira	Centésimos
Jamaica	Dólar jamaicano	Centavos
Japón	Yen	Sen
Jordania	Dinar jordano	Fils
Kampuchea	Riel	Sen
Katar	Rial	Dirhams
Kazajstán	Rublo	Copecs
Kenya	Chelín	
Kirguizia	Rublo	Copecs
Kiribati	Dólar australiano	Centavos
Kuwait	Dinar kuwaití	Fils
Laos	Nuevo kipat	
Lesotho	Loti	Lisente
Letonia	Rublo	Copecs
Líbano	Libra libanesa	Piastras
Liberia	Dólar liberiano	Centavos
Libia	Dinar	Dirhams
Liechtenstein	Franco suizo	Céntimos
Lituania	Rublo	Copecs
Luxemburgo	Franco luxemburgués	Céntimos
Macao	Pataca	Avos
Madagascar	Franco malgache	Céntimos
Malasia	Ribggit o dólar malayo	Céntimos
Malawi	Kuacha	Tambala
Maldivas	Rufiyas/Rupia	Laaris
Malí	Franco CFA	Céntimos
Malta	Libra maltesa	Céntimos
Marruecos	Dirham	Franco marroquí

PAÍS	MONEDA	FRACCIÓN
Mauricio	Rupia de Mauricio	Centavos
Mauritania	Ouguiya	Khoums
México	Peso	Centavos
Moldavia	Rublo	Copecs
Mónaco	Franco / Franco de Mónaco	Céntimos
Mongolia	Thugrik	Mongos
Mozambique	Metical	Centavos
Namibia	Rand	Centavos
Nauru	Dólar australiano	Centavos
Nepal	Rupia nepalesa	Paisa
Nicaragua	Córdoba	Centavos
Níger	Franco CFA	Céntimos
Nigeria	Naira	Kobos
Noruega	Corona noruega	Ores
Nueva Zelanda	Dólar neozelandés	Centavos
Omán	Rial omaní	Baizas
Paquistán	Rupia paquistaní	Paisas
Panamá	Balboa	Céntimos
Papúa Nueva Guinea	Kina	Toeas
Paraguay	Guaraní	Céntimos
Perú	Inti	Céntimos
Polonia	Zloti	Groszy
Portugal	Escudo	Centavos
Puerto Rico	Dólar estadounidense	Centavos
Reino Unido	Libra esterlina	Peniques nuevos
República Dominicana	Peso	Centavos
República Malgache	Franco de Malgache	Céntimos
Rumanía	Leu	Bani
Ruanda	Franco de Ruanda	Céntimos
Rusia	Rublo	Copecs
Salvador, El	Colón	Centavos
Samoa Occidental	Tala	Sene
San Cristóbal y Nevis	Dólar Caribe−Este	Centavos
San Marino	Lira italiana	Centésimos
San Vicente y las Granadinas	Dólar Caribe−Este	Centavos
Santa Lucía	Dólar Caribe−Este	Centavos
Santo Tomé y Príncipe	Dobra	Céntimos
Senegal	Franco CFA	Céntimos
Seychelles	Rupia de Seychelles	Centavos
Sierra Leona	Leona	Centavos
Singapur	Dólar de Singapur	Centavos
Siria	Libra de Siria	Piastras

PAÍS	MONEDA	FRACCIÓN
Somalia	Chelín somalí	Centavos
Sri Lanka	Rupia	Centavos
Suazilandia	Lilangeni	Centavos
Sudáfrica, Rep. de	Rand	Centavos
Sudán	Libra sudanesa	Piastras
Suecia	Corona sueca	Ores
Suiza	Franco suizo	Céntimos
Surinam	Florín de Surinam	Centavos
Tadyikistán	Rublo	Copecs
Tailandia	Bath	Satang
Taiwán	Nuevo dólar de Taiwán	Centavos
Tanzania	Chelín de Tanzania	Centavos
Togo	Franco CFA	Céntimos
Tonga	Pa'anga	Seniti
Trinidad Tobago	Dólar trinitario	Centavos
Túnez	Dinar	Millimes
Turkmenistán	Rublo	Copecs
Turquía	Lira/Libra turca	Kurus
Tuvalu	Dólar australiano	Centavos
Uganda	Chelín de Uganda	Centavos
Ucrania	Hryvnia	
Uruguay	Nuevo peso	Centésimos
Uzbekistán	Rublo	Copecs
Vanuatu	Vatu	
Vaticano	Lira italiana	Centésimos
Venezuela	Bolívar	Céntimo
Vietnam	Dông	Hao
Viti	Dólar de Viti	Centavos
Yemen, República Árabe	Rial yemení	Fils
Yemen, Rep. Pop. Democrática	Dinar yemení	Fils
Yibuti	Franco de Yibuti	Céntimos
Yugoslavia	Dinar de Yugoslavia	Paras
Zaire	Zaire	Makuta
Zambia	Kwacha	Ngwee
Zimbabue	Dólar de Zimbabue	Centavo

Cómo se miden los terremotos

Escala de Richter

Las dos escalas principales para medir la intensidad de los terromotos son las de Richter y la de Mercalli. La primera, la más utilizada, se debe al sismólogo californiano Charles Richter, quien la concibió en 1935. Mide la intensidad del terremoto en función de la energía total liberada. Cada incremento de un grado en la escala indica que la fuerza del seísmo es diez veces mayor que el anterior: un terremoto de magnitud 5 es diez veces más fuerte que uno de magnitud 4 y cien veces mayor que uno de magnitud 3. Teóricamente, no hay límite en esta escala.

Las equivalencias de cada grado de magnitud y los daños previsibles son los siguientes:

Magnitud 1 e inferior: sólo detectable por los sismógrafos.

Magnitud 2: equivalente a la explosión de 0,89 kg de TNT. Pueden percibirlo los seres humanos.

Magnitud 3: equivalente a la explosión de 53 kg de TNT. Daños leves.

Magnitud 4: equivalente a la explosión de tres toneladas de TNT. Daños moderados.

Magnitud 5: equivalente a la explosión de 140 toneladas de TNT. Daños considerables;

Magnitud 6: equivalente a la explosión de seis kilotones (1/3 de bomba atómica). Daños graves.

Magnitud 7: equivalente a la explosión de 240 kilotones (12 bombas atómicas). Terremoto fuerte, daños extensos.

Magnitud 8: equivalente a la explosión de 8,25 megatones (1/3 de bomba de hidrógeno). Gran terremoto, destrucción casi total.

Magnitud 9: equivalente a la explosión de 250 megatones (13 bombas de hidrógeno). Máximo terremoto conocido en la historia (Lisboa, 1755).

Magnitud 10: equivalente a la explosión de 7.000 megatones (350 bombas de hidrógeno).

Escala de Mercalli

La escala establecida en 1902 por el sismólogo italiano Giuseppe Mercalli, conocida en nuestros días como Mercalli Modificada, mide la intensidad del temblor en un punto específico, más que sus efectos totales. Consta de doce grados:

Intensidad 0: registrada sólo por los sismógrafos.

Intensidad 1: inadvertida, excepto en condiciones «ideales».

Intensidad 2: percibida por algunas personas mientras descansan; algunos objetos suspendidos pueden balancearse.

Intensidad 3: percibida dentro de las casas; pueden moverse los automóviles estacionados.

Intensidad 4: percibida claramente dentro de las viviendas; despierta a quienes duermen; vibran los cristales de las ventanas.

Intensidad 5: percibida por todos; desconchones en los techos; rotura de cristales.

Intensidad 6: rotura de chimeneas; movimiento de muebles; dificultades para andar.

Intensidad 7: la gente huye de sus casas; se percibe en el interior de automóviles en movimiento; daños moderados.

Intensidad 8: alarma general; daños en estructuras débiles; pueden derrumbarse paredes y monumentos.

Intensidad 9: pánico; destrucción total de estructuras frágiles; fisuras en el suelo.

Intensidad 10: sólo sobreviven los edificios más sólidos; zanjas en el suelo; los raíles se curvan.

Intensidad 11: pocos edificios sobreviven; amplias fisuras; rotura de conducciones subterráneas.

Intensidad 12: destrucción total; movimiento visible del terreno; pánico incontrolable de la población.

Fuerza del viento

El procedimiento más corriente para calcular la fuerza del viento es la escala ane-mométrica de Beaufort, que mide su fuerza en una altitud uniforme de 10 metros so-bre un terreno plano y descubierto. El cuadro siguiente muestra la velocidad del viento

Fuerza	Descripción	Efectos en tierra
0	Calma.	El humo se eleva verticalmente.
1	Ventolina.	El humo se desvía.
2	Flojito.	Agitación de las hojas de los árboles.
3	Flojo.	Hojas y ramas pequeñas en permanente agitación. Se despliegan las banderas pequeñas.
4	Bonancible.	El viento levanta las hojas de papel y agita las ramas pequeñas.
5	Fresquito.	Comienzan a balancearse los arbustos con hojas.
6	Fresco.	Se agitan las ramas grandes; silban los hilos telegráficos.
7	Frescachón.	Se agitan los árboles; resulta difícil caminar contra el viento.
8	Temporal.	Rotura de ramas; imposible caminar contra el viento.
9	Temporal fuerte.	El viento arranca chimeneas y tejas.
10	Temporal duro.	Raro tierra adentro: arranca árboles; daños importantes en viviendas.
11	Temporal muy duro.	Raramente observado; amplia devastación.
12	Temporal huracanado.	

en kilómetros-hora y nudos, así como la altura probable de las olas y, entre paréntesis, su altura máxima en alta mar. (En mares interiores, o cerca de la costa con viento de tierra, la altura de las olas es menos acentuada y su escarpadura más acusada.)

Efectos en el mar	Velocidad a 10 m de altitud en Km/h	en nudos	Altura olas
Superficie lisa, como un espejo.	1	1	
Ondas parecidas a escamas de pescado, sin espuma.	1-5	1-3	
Olas cortas pero acusadas, que no rompen.	6-11	4-6	
Olas muy pequeñas, cuyas crestas comienzan a romper; espuma de aspecto vitroso.	12-19	7-10	0,6 m (1)
Olas pequeñas, cada vez mayores.	20-28	11-16	1 (1,5)
Olas moderadas, alargadas, con cabrillas e incluso salpicaduras.	29-38	17-21	2 (2,5)
Olas con crestas de espuma blanca extensas.	39-49	22-27	3 (4)
Mar gruesa con espuma en el sentido del viento.	50-61	28-33	4 (5,5)
Olas de altura media y más alargadas, con remolinos y salpicaduras en sus crestas.	62-74	34-40	5,5 (7,5)
Olas grandes y salpicaduras que pueden reducir la visibilidad.	75-88	41-47	7 (10)
Grandes olas con amplias crestas en penacho; intensa marejada y visibilidad reducida.	89-102	48-55	9 (12,5)
Olas muy altas; el mar aparece cubierto por bancos de espuma.	103-117	56-63	11,5 (16)
Mar completamente blanco de espuma; visibilidad casi nula.	118 o más	64 o más	14 (36)

Matrículas: indicativos nacionales e internacionales

**Iniciales que pueden ostentar las matrículas
de los automóviles españoles:**

A	Alicante	J	Jaén
AB	Albacete	L	Lérida
AL	Almería	LE	León
AV	Ávila	LO	Rioja
B	Barcelona	LU	Lugo
BA	Badajoz	M	Madrid
BI	Vizcaya	MA	Málaga
BU	Burgos	ML	Melilla
C	Coruña	MOP	Ministerio de Obras Públicas
CA	Cádiz	MU	Murcia
CC	Cáceres	NA	Navarra
CE	Ceuta	O	Oviedo
CO	Córdoba	OR	Orense
CR	Ciudad Real	P	Palencia
CS	Castellón	PGC	Parque Guardia Civil
CU	Cuenca	PM	Baleares
DGP	Policía Nacional	PMM	Parque Móvil Ministerios
EA	Ejército del Aire	PO	Pontevedra
ET	Ejército de Tierra	S	Santander
FN	Fuerzas Navales	SA	Salamanca
GC	Gran Canaria	SE	Sevilla
GI	Gerona	SG	Segovia
GR	Granada	SO	Soria
GU	Guadalajara	SS	Guipúzcoa
H	Huelva	T	Tarragona
HU	Huesca	TE	Teruel

TF	Tenerife	VI	Álava
TO	Toledo	Z	Zaragoza
V	Valencia	ZA	Zamora
VA	Valladolid		

Esta relación de indicativos nacionales nos ayudará a identificar el origen de la mayoría de los automóviles extranjeros:

A	Austria	EAU	Uganda
ADN	Rep. Democrática del Yemen	EAZ	Zanzíbar
AFG	Afganistán	EC	Ecuador
AL	Albania	ES	El Salvador
AND	Andorra	ET	Egipto
AUS	Australia	ETH	Etiopía
B	Bélica	F	Francia
BD	Bangladesh	FE	Feroe
BDS	Barbados	FJI	Fidji
BG	Bulgaria	FL	Liechtenstein
BH	Belice	FR	Islas Faroe
BR	Brasil	GB	Gran Bretaña (e Irlanda del N.)
BRN	Bahrain	GBA	Alderney
BRU	Brunei	GBG	Guernsey
BS	Bahamas	GBJ	Jersey
BUR	Birmania	GBM	Isla de Man
C	Cuba	GBZ	Gibraltar
CC	Cuerpo Consular	GCA	Guatemala
CD	Cuerpo Diplomático	GH	Ghana
CH	Suiza	GR	Grecia
CI	Costa de Marfil	GUY	Guyana
CL	Sri Lanka	H	Hungría
CND	Canadá	HK	Hong Kong
CO	Colombia	I	Italia
CR	Costa Rica	IL	Israel
CS	Checoslovaquia	IND	India
CY	Chipre	IR	Irán
D	Alemania	IRL	Irlanda
DK	Dinamarca	IRQ	Irak
DOM	República Dominicana	IS	Islandia
DY	Benin	J	Japón
DZ	Argelia	JA	Jamaica
E	España	JOR	Jordania
EAK	Kenia	K	Kampuchea
EAT	Tanzania	KWT	Kuwait

L	Luxemburgo	ROK	Corea del Sur
LAO	Laos	ROU	Uruguay
LAR	Libia	RP	Filipinas
LB	Liberia	RSM	San Marino
LS	Lesotho	RU	Burundi
M	Malta	RWA	Ruanda
MA	Marruecos	S	Suecia
MAL	Malasia	SD	Swazilandia
MC	Mónaco	SF	Finlandia
MEX	México	SGP	Singapur
MS	Mauricio	SME	Surinam
MW	Malawi	SN	Senegal
N	Noruega	SWA	Namibia
NA	Antillas Holandesas	SY	Seychelles
NIC	Nicaragua	SYR	Siria
NL	Países Bajos	T	Tailandia
NZ	Nueva Zelanda	TG	Togo
P	Portugal	TN	Túnez
PA	Panamá	TR	Turquía
PAK	Pakistán	TT	Trinidad y Tobago
PE	Perú	USA	Estados Unidos
PL	Polonia	V	Ciudad del Vaticano
PNG	Papúa Nueva Guinea	VN	Vietnam
PY	Paraguay	WAG	Gambia
R	Rumanía	WAL	Sierra Leona
RA	Argentina	WAN	Nigeria
RB	Botswana	WD	Dominica
RC	Taiwán	WG	Granada
RCA	República Centroafricana	WL	Santa Lucía
RCB	Congo	WS	Samoa Occidental
RCH	Chile	WV	San Vicente y Granadinas
RH	Haití	YU	Yugoslavia
RI	Indonesia	YV	Venezuela
RIM	Mauritania	Z	Zambia
RL	Líbano	ZA	Unión Sudafricana
RM	Madagascar	ZRE	Zaire
RMM	Mali	ZW	Zimbabue
RN	Níger		

Códigos fonéticos

Existen diversos códigos fonéticos para evitar errores de transmisión al deletrear palabras. Reproducimos a continuación el telefónico, recomendado en las comunicaciones en lengua española, y el fonético internacional, empleado en las comunicaciones radiofónicas, aeronáuticas y navales.

Código telefónico:

A:	Alemania	N:	Noruega
B:	Barcelona	Ñ:	Ñandú
C:	Cádiz	O:	Oviedo
CH:	Checoslovaquia	P:	París
D:	Dinamarca	Q:	Quito
E:	España	R:	Roma
F:	Francia	S:	Sevilla
G:	Gerona	T:	Teruel
H:	Huelva	U:	Uruguay
I:	Italia	V:	Valencia
J:	Jaén	W:	Washington
K:	Kilo	X:	Xilofón
L:	Lugo	Y:	I griega
LL:	Llave	Z:	Zaragoza
M:	Madrid		

Código fonético internacional

A:	Alfa	N:	November
B:	Bravo	O:	Oscar
C:	Charlie	P:	Papa
D:	Delta	Q:	Quebec
E:	Echo	R:	Romeo
F:	Foxtrot	S:	Sierra
G:	Golf	T:	Tango
H:	Hotel	U:	Uniform
I:	India	V:	Victor
J:	Juliet	W:	Whisky
K:	Kilo	X:	X-ray
L:	Lima	Y:	Yankee
M:	Mike	Z:	Zulu

Palabras finales

Los medios audiovisuales penetran en el tejido profundo de los hogares de forma cada vez más intensa. Resulta evidente que se están alterando los mecanismos mentales de la memoria y la reflexión. La nueva generación audiovisual, fija en la pequeña pantalla, va a romper los esquemas de las que se formaron con los ojos puestos en la letra impresa. El empobrecimiento del lenguaje es ya atroz. En la radio o en la televisión se emplean menos vocablos que en el más enjuto de los libros.

Ciertamente, el periódico hablado y el periódico audiovisual ocupan hoy el ochenta por ciento del mundo de la información. Al periódico impreso le corresponde, sobre todo, el análisis y la valoración de la noticia. Le corresponde también, en considerable medida, la conservación de la lengua. Por eso, frente a ese aluvión de nuevos periodistas que apenas saben escribir, es necesario reaccionar. No va a resultar tarea fácil. Pero el periódico impreso, sometido ya a la dictadura de los ordenadores, acosado por la altivez de una generación depredadora del lenguaje, debe estar bien escrito. Debe contribuir a que el idioma, inevitablemente empobrecido desde la radio y la televisión, se preserve y enriquezca.

Hace quince años me correspondió la gratificante tarea de poner en marcha, desde la agencia Efe, el primer «Manual de Estilo» de consideración que se publicaba en el periodismo español. Dirigido por Fernando Lázaro Carreter, hombre en el que se produce la soldadura del científico del idioma y el artista de la palabra, aquel Manual se propagó rápidamente por las redacciones de España e Iberoamérica. Fue imitado, copiado, consultado. Resultó especialmente beneficioso para el español que se habla y escribe en ambas orillas del océano.

Aquel éxito me ha animado a impulsar ahora el «Libro de Estilo» *de ABC que el lector tiene entre las manos. Profesores ilustres y expertos profesionales del periodismo han trabajado durante varios años hasta hacer de este libro condensado un instrumento útil no sólo para los redactores de ABC, sino para los periodistas de cualquier diario impreso, hablado o audiovisual de todo el mundo iberoamericano.*

ABC ha realizado siempre, a lo largo de toda su historia, un esfuerzo preferente para ser un periódico bien escrito. Las mejores plumas de España e Iberoamérica se han arracimado en sus páginas a lo largo de un siglo. A la vez, los profesionales más rigurosos del periodismo se han esforzado cada madrugada para que los titulares, los sumarios, los pies de las fotografías, los ladillos, los más diversos textos respondieran a las exigencias de un periódico literario que está a la vez en la vanguardia de la técnica y la información.

Este «Libro de Estilo» de ABC pretende facilitar a las nuevas generaciones de periodistas educados en los medios audiovisuales un mejor conocimiento del idioma para evitar que se adultere y se degrade. Pretende también cruzar las fronteras geográficas e instalarse en ese colosal espacio cultural que es el español hablado por cerca de cuatrocientos millones de seres. Si resulta de utilidad para nuestros compañeros profesionales de las naciones iberoamericanas, nos sentiremos especialmente satisfechos por la obra realizada. En todo caso, aquí están unas páginas enamoradas del español, que pretenden ayudar a que cicatricen las heridas abiertas en el cuerpo del idioma en que escribieron Cervantes y Pablo Neruda, en que hablaron Alfonso el Sabio, Andrés Bello y Rómulo Gallegos.

LUIS MARÍA ANSON

Índice analítico

Se recogen en este Índice los principales conceptos descritos en los capítulos de Ortografía, Observaciones gramaticales, Normas de redacción y estilo, Presentación de originales y Apéndices prácticos. Los números en negritas remiten a las páginas en que se desarrolla más ampliamente cada epígrafe.

Índice

Impreso en el mes de noviembre de 1993
en Talleres Gráficos HUROPE, S. A.
Recaredo, 2
08005 Barcelona